Cahier d'exercices

Marcella Beacco di Giura

Français langue étrangère
58, rue Jean-Bleuzen, 92178 VANVES

Crédits photographiques

Avantages-Magazine / F. Dumoulin : 53-1 ; 53-2 ; 53-3 ; 54-1 ; 55-1.
DIAF / G. Guittot : 91 ; Ifa Bilderteam : 8-1 ; J.-P. Langeland : 109-2 ; A. Le Bot : 109-1 ; B. Morandi : 62-1.
Hoa Qui / P. Wallet : 8-3.
Jerrican / De Hogues : 92 ; Gaillard : 62-2 ; Valls : 60.
Renault / Banque d'images 96 n° 13 : 9.

Remerciements

L'éditeur tient à adresser ses plus vifs remerciements pour leur aide aux sociétés suivantes :
Air France, le Jeune Ballet de France, *Le Monde*, la Mairie de Paris, l'Office départemental du tourisme de la Guadeloupe, Les Parfums Christian Dior, les Parfums Yves Saint-Laurent, la SNCF, la Société touristique du Mont-Blanc, Renault.

Maquette : O'Leary
Réalisation PAO : Alinéa
Couverture : Encore lui !
Photo de couverture : Fotogram Stone / Elies Carole
Dessins : François Dimberton

ISBN : 2-01-155017-3
© Hachette Livre, 1997, 43 Quai de Grenelle, 75905 PARIS Cedex 15

Avant-propos

Objectifs

Complément facultatif du livre de l'élève **Café Crème 1**, ce cahier a été conçu pour offrir un large éventail d'activités linguistiques, communicatives et culturelles. Insérées dans des situations communicatives quotidiennes qui font écho à celles trouvées dans le livre, ces activités peuvent être réalisées dans le cadre d'un travail autonome.

Contenus et structure

Le cahier se compose de seize unités, qui suivent celles du livre de l'élève.

■ Pour la rubrique « *Découvertes* », qui propose un premier contact avec la langue, la démarche adoptée est une démarche active d'apprentissage, à réaliser en classe. Elle n'appelle donc aucun développement dans le cahier.

En revanche, les deux autres rubriques sont renforcées par des exercices complémentaires.

■ Pour la rubrique « *Boîte à outils* », le cahier présente deux sections : *Vocabulaire et Orthographe* d'une part ; *Grammaire* de l'autre.

– *Vocabulaire et Orthographe* : les exercices de cette section visent à consolider le contenu lexical et orthographique traité dans l'unité.

– *Grammaire* : ces exercices sont consacrés à la systématisation de la morphologie et de la syntaxe sous forme d'activités de réemploi, de substitution, de transformation, etc.

■ Pour la rubrique « *Paroles en liberté* », un élargissement est proposé dans la section *Conversations*. Dans cette section sont développées des activités communicatives centrées sur les actes de paroles traités dans le manuel.

■ Des activités supplémentaires ayant trait à l'écrit, sont présentées dans la section *Textes*.
Cette section a pour but de développer les compétences de compréhension et de production écrites à partir de modèles divers. Ces activités, qui n'ont pas d'équivalent dans le manuel, répondent aux attentes de ceux qui voudraient consacrer davantage de temps à l'écrit. Une présentation de modèles (slogans publicitaires, petites annonces, messages, correspondance personnelle ou officielle, etc.), une analyse de la situation de production et une identification des structures, permettent à l'apprenant d'écrire de façon de plus en plus autonome.

■ Enfin la civilisation trouve sa place dans les quatre ensembles appelés *Vie quotidienne*. Ces quatre ensembles de trois pages chacun, après les unités 4, 8, 12 et 16 se rattachent aux pages de Civilisation du manuel. Les exercices proposés sont consacrés à la société française, à ses transformations et à sa diversité (habitudes et comportements). On trouve également dans ces pages des savoir-faire qui pourront être d'une grande utilité lors d'un séjour dans un pays francophone.

PRÉFÉRENCES

 Vocabulaire et orthographe

❶ **Mettez ces mots dans l'ordre alphabétique.**

Rêve, jazz, magnifique, aéroport, beau, détester, musique, salle, transport, danse, voyager.

....

❷ **Chassez l'intrus !**

Détester, aimer, adorer, ~~horrible~~, préférer.

1. Le foot, le tennis, la marche, la boxe, l'avion.

2. Beau, magnifique, vous, génial, bizarre.

3. Je, tu, judo, vous, moi.

SAM≡

❸ **Repérez les terminaisons des verbes (-e, -es, -ez) qui ont la même prononciation et complétez le tableau.**

Tu détestes, je danse, tu danses, vous détestez, je déteste, vous aimez, tu aimes, je marche, vous rêvez, tu voyages.

Les signes	Les sons
-e, -es	[ ]
....	
....	
....	
....	
-ez	[e]
....	
....	

4 Faites des phrases à l'aide des dessins.

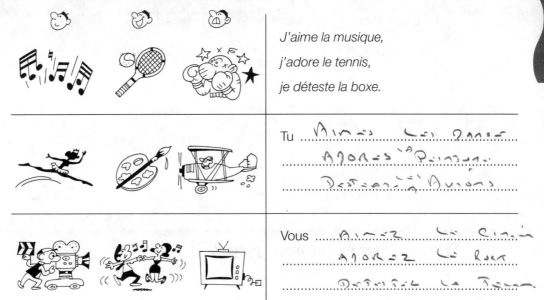

J'aime la musique,

j'adore le tennis,

je déteste la boxe.

Tu ... AImes Les DAnse AdoRes Peinture Destes Les Avions

Vous ... Aimez Le Cinéma Adorez Le Rock Destéste La Télé

5 Avec ou sans -s ? Complétez.

1. J'aime les (voyage). → Voyages
2. Vous préférez la (voiture) ? → Voiture
3. Tu regardes les (avion) ? → Avions
4. Je déteste les (sport), et vous ? → Les Sports
5. La (ville) ? C'est magnifique ! →
6. Vous regardez la (télévision) ? → Regardez
7. Moi, j'adore les (train) électriques, et toi ? → Les Trains
8. Tu n'aimes pas les (aéroport) ? → Aéroports

Grammaire

6 Complétez.

1. J'aime le soleil !

   Tu ... Aimes

   Vous ... Amiz

2. Tu détestes la boxe.

   Je ... Je déteste

   Vous ... Détestez

3. Vous préférez Paris.

   Tu ... Préfères

   Je ... Préfère

4. J'adore la musique.

   Tu ...

   Vous ... Adorez

7 Transformez comme dans l'exemple.

Vous aimez voyager. → Vous n'aimez pas voyager.

1. Tu aimes danser.   → ....

2. J'aime le cinéma.   → ....

3. Je déteste les parfums.   → ....

4. Vous aimez rêver.   → ....

5. Tu détestes le tennis.   → ....

6. Vous détestez la ville.   → ....

8 Transformez comme dans l'exemple.

Tu aimes le sport. → Est-ce que tu aimes le sport ?

1. Vous détestez la marche. → ....

2. Tu préfères la danse.   → ....

3. Vous aimez le vélo.   → ....

4. Tu aimes le théâtre.   → ....

5. Vous aimez l'opéra.   → ....

6. Tu détestes le train.   → ....

9 Complétez avec les mots suivants :

Génial, beau, horrible, magnifique.

J'aime le vélo ! → C'est génial !

1. Vous aimez le cinéma.   → C'est beau

2. Tu aimes l'avion.   → C'est magnifique

3. J'adore le jazz.   → C'est horrible

4. Je déteste les aéroports. → C'est horrible

10 Dites le contraire !

Le jazz, c'est beau ! → Le jazz, ce n'est pas beau !

1. La mer, c'est génial !   → ....

2. Rêver, c'est bizarre !   → Ce n'est pas bizarre

3. La danse, c'est beau !   → Ce n'est pas beau

4. Les villes, c'est horrible ! → Ce n'est pas horrible

⑪ Complétez à l'aide de tu/toi, moi/je ou vous.

1. – Moi, ... déteste le judo, et toi ?

   – Et vous, monsieur, ... aimez le judo ?

2. – ....., tu aimes la voiture. Moi, ... préfère l'avion.

   – Et vous, est-ce que ..... aimez l'avion ?

3. – Antoine, ... aimes la marche ?

   – Oui, ... aime marcher, et toi ?

   – ....., j'adore marcher.

4. – ..... tu détestes le vélo et vous, madame Courtin ?

   – Moi, ... préfère la voiture.

Conversations

⑫ Mettez les phrases de ces deux conversations dans l'ordre.

– Danser ? Moi, je déteste ça.
– Ah oui, j'adore le foot. C'est génial !

– Vous aimez danser, mademoiselle ?
– Laurent, tu aimes le foot ?

1. ....

....

....

....

2. ....

....

....

....

⑬ Répondez ou posez la question à l'aide des phrases suivantes :

Le tennis, tu aimes ? / Madame, vous aimez les voyages ? / Ah non, moi, je préfère le jazz.

1. – Moi, j'adore le rock, et toi ?

   – ....

2. – ....

   – Non, je n'aime pas le tennis.

3. – ....

   – Non, je déteste voyager, monsieur. Je préfère la télévision.

14 **Répondez ou posez la question.**

1. – Moi, je n'aime pas la boxe, et toi ?

– ....

2. – Madame, vous aimez la peinture moderne ?

– ....

3. – ....

– Ah non, je déteste l'avion et les aéroports. C'est horrible !

4. – ....

– Oh oui ! J'aime la musique, et vous ?

– ....

Textes

POUR ALLER PLUS LOIN

15 **Observez ces publicités.**

▷ **1** Le ski, c'est génial !

CROISIÈRE CARAÏBES 7850 F*

* 1 semaine, vol inclus à bord du Neptune

HORIZON-VOYAGES

EAU SAUVAGE

Christian Dior
PARIS

▷ **2** Moi, je préfère Dior, et vous ?

▷ **3** Les voyages, c'est magnifique !

a● **Trouvez le numéro correspondant à la publicité :**

Publicité d'un parfum :   n°.2..

Publicité d'un sport :   n°....1

Publicité d'un voyage :   n°..3..

b● **Choisissez un nouveau texte pour les publicités 1, 2 et 3.**

Publicités	1	2	3
• Rêver, voyager...			✓
• Et vous, vous aimez le ski ?	✗		
• J'adore Eau sauvage, **le** parfum.		✓	

⓰ **Observez ces documents et, à l'aide des mots suivants, faites des phrases comme dans les publicités :**

◣**1** Guide du sport à Paris.

Sport, aimer, vous

....
....
....
....

Renault Twingo, être, génial

◣**2** Renault Twingo

....
....
....

⑰ Sur le modèle des publicités précédentes, écrivez des phrases pour...

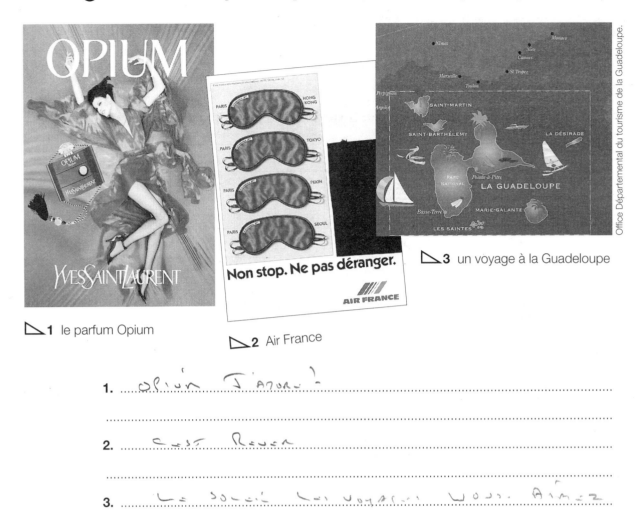

▷**1** le parfum Opium

Non stop. Ne pas déranger.
AIR FRANCE

▷**2** Air France

▷**3** un voyage à la Guadeloupe

Office Départemental du tourisme de la Guadeloupe.

1. ..... Opium J'azure ! .....

2. ..... C'est Rever .....

3. ..... Le soleil les voyages vous Aimez .....

Les goûts et les couleurs, ça ne se discute pas.

PORTRAITS

Vocabulaire et orthographe

❶ Complétez le tableau.

Pays	Masculin / Féminin
La Suisse	suisse / ....
....	suédois / ....
L'Italie	.... / ....
....	.... / japonaise
L'Espagne	.... / ....
....	coréen / ....
....	.... / allemande
La Belgique	.... / ....

❷ Qu'est-ce qu'il / elle fait dans la vie ?

Il est pilote.

....

....

....

....

....

❸ Quels mots se terminent par le son [k] comme dans grec? Quels mots se terminent par le son [t] comme dans huit? Attention aux intrus!

Les signes	Le son [k]	Le son [t]
grec	✗	
musique		
huit		✗
transport		
sept		
cinq		
magnifique		
goût		

Grammaire

❹ Complétez les phrases à l'aide des formes verbales de travailler, habiter, faire, être.

– Vous ...., madame ? → – Vous travaillez, madame ?
– Oui, je .... infirmière. → – Oui, je suis infirmière.

1. – Tu .... où ?

– J'................... à Marseille.

2. – Qu'est-ce que vous .... dans la vie ?

– Je .... informaticien, et vous ?

– Moi, je .... pilote.

3. – Moi, je .... française, et vous ?

– Nous, nous .... espagnoles, de Séville.

4. – Qu'est-ce que tu .... dans la vie ?

– Je .... étudiant.

5. – Tu .... où ?

– Je .... dans un hôpital.

❺ Trouvez les questions.

– Tu t'appelles comment ? → – Je m'appelle Laure.

1. – ....

– Je m'appelle François Quenisset, monsieur.

2. – ....

– À Lyon, et toi ?

3. – ....

– Je suis musicienne, et vous, madame ?

4. – ....

– Oui, nous aimons la marche !

5. – ....

– Ils habitent à Genève.

❻ Complétez comme dans l'exemple.

Elle n'est pas anglaise. (danois) → *elle est danoise.*

1. Ils ne sont pas étudiants. (professeur)

→ ....

2. Tu n'es pas suisse. (belge)

→ ....

3. Elles ne sont pas brésiliennes. (portugais)

→ ....

4. Vous, monsieur, vous n'êtes pas italien. (espagnol)

→ ....

5. Nous, nous ne sommes pas acteurs. (musicien)

→ ....

6. Toi, Myriam, tu n'es pas infirmière. (médecin)

→ ....

❼ Trouvez les infinitifs du verbe et complétez les conjugaisons.

vous travaillez – tu préfères – ils aiment – vous habitez –vous préférez – ils travaillent –
elle aime – elle travaille – nous préférons – nous habitons – tu aimes – je préfère

travailler	....	....	....
....	....	....	....
....	....	....	....
Il / elle travaille	....	....	....
....	....	....	....
Vous travaillez	....	....	....
Ils / elles travaillent	....	....	....

8 **Ajoutez** un / une / des.

1. Luc Humblot travaille dans .... hôpital de Lille.

2. Monsieur Revel est professeur. Il travaille dans .... laboratoire de chimie.

3. La championne est .... informaticienne de Lyon.

4. Il y a .... cuisinières italiennes ; elles travaillent dans ce restaurant.

9 **Mettez au pluriel ou au singulier, selon le cas.**

Il est canadien. → *Ils sont canadiens.*

1. Elle est grecque. → ....

2. Il est suédois. → ....

3. Ils sont portugais. → ....

4. Elles sont japonaises. → ....

5. Elle est coréenne. → ....

6. Ils sont suisses. → ....

Conversations

PAROLES
EN
LIBERTÉ

10 **Lisez cette conversation.**

– Bonjour, madame.
– Bonjour, monsieur. Vous êtes... ?
– Je suis monsieur Vergne, Roland Vergne.
– Ah, oui, le docteur est à l'hôpital..., il arrive.

a• **Cochez la bonne case.**

qui parle		à qui		où	
un médecin	☐	une actrice	☐	dans une usine	☐
un patient	☐	une informaticienne	☐	dans un restaurant	☐
un serveur de restaurant	☐	une secrétaire	☐	dans un cabinet médical	☐
un étudiant	☐	une ouvrière	☐	dans un grand magasin	☐

b• **Utilisez les répliques suivantes et réécrivez la conversation.**

– Je m'appelle Roland Vergne. Le docteur est là ?
– Non, il n'est pas là.

....

....

⓫ Soulignez la phrase bizarre de ce dialogue.

– Bonjour, madame. C'est pour la télévision. Vous vous appelez comment, madame ?
– Marie Brosselette.
– Et qu'est-ce que vous faites dans la vie ?
– Oui, j'aime l'opéra.
– Je suis infirmière à l'hôpital Cochin.
– Alors, madame Brosselette, est-ce que vous aimez votre profession ?

⓬ Complétez la conversation.

Dans le train Paris-Nice, une jeune Parisienne, étudiante en informatique parle avec une dame, une musicienne de Lyon.

LA DAME : Vous habitez à Nice ?

LA JEUNE FILLE : ....

LA DAME : ....

LA JEUNE FILLE : ....

LA DAME : Ah, informaticienne, c'est formidable !

⓭ Complétez la conversation.

Alain Dubois et Florian Mendel, des amis d'école, se rencontrent 20 ans après. Alain est ingénieur à Nantes, Florian professeur à Nancy.

FLORIAN : Mais tu es Alain, Alain...

ALAIN : ....

FLORIAN : ....

ALAIN : ....

FLORIAN : ....

Textes

⓮ Lisez ces adresses.

M. Jean Degruson 9, rue Montaigne 80000 Amiens ▷1	Mme Florence Merliac 4, rue François 1er 33000 Bordeaux FRANCE ▷2

Mlle Danièle Giroud
3, place Léon Betoulle
87000 Limoges
▷3

M. et Mme Yves Varlet
7, place Léonard de Vinci
59000 Lille
▷4

Dr Sophie Chandelier
100, rue de Villiers
92200 Neuilly-sur-Seine
▷5

Dr Alain Tessier
6, rue de Sully
34000 Montpellier
▷6

15 **a●** **Complétez le tableau :**

Les lettres sont pour	un homme	une femme	un homme et une femme
1	✗		
2			
3			
4			
5			
6			

b● **Quelle lettre vient d'un pays étranger ?**

....

....

16 **Reliez les noms aux abréviations correspondantes.**

Noms

1. Monsieur

2. Madame

3. Mademoiselle

4. Monsieur et Madame

5. Docteur

Abréviations

a. Mme

b. Mlle

c. M.

d. Dr

e. M. et Mme

17 **Observez.**

Vous écrivez à

Yves et Madeleine Varlet   →

Sophie Chandelier, médecin   →

Alain Tessier, médecin   →

Vous adressez la lettre à

M. et Mme Yves Varlet

Dr Sophie Chandelier

Dr Alain Tessier

Mettez dans l'ordre.

numéro de la rue	nom de la ville	code postal	nom du destinataire	nom de la rue
1	2	3	4	5

....

18 **Écrivez à :**

1. Madame Odile Bergelin. Elle habite à Lille, au 7 de la rue Saint-Éloi.

....

....

....

2. Monsieur Georges Gubian et Madame Laure Gubian. Ils habitent à Bordeaux, au 17 de la rue Laporte.

....

....

....

3. Mademoiselle Catherine Combaz, médecin. Elle habite à Montpellier, au 5 de la place Castellane.

....

....

....

4. Mademoiselle Juliette Morin. Elle habite à Limoges, au 15 de la rue Boileau.

....

....

....

Il fait la cuisine en deux temps trois mouvements.

MOI ET LES AUTRES

 Vocabulaire et orthographe

❶ Complétez avec les mots suivants :

froid, le cinéma, Julie, juin, Paris, –12°

1. Il fait .... aujourd'hui !

2. Nous avons ....

3. Tu habites .... ?

4. Jacques adore ...., et sa femme ?

5. Elle s'appelle .... et son frère Sébastien.

6. Nous sommes le 24 .... C'est la Saint-Jean !

❷ Complétez la série.

Hiver, printemps, automne,... ➔ été

1. Fille, fils, mère, ...

2. Lundi, mardi, mercredi, ...

3. Juillet, août, septembre, ...

4. Est, Ouest, Sud, ...

5. Beau, chaud, mauvais, ...

6. Vingt et un, trente et un, ...

❸ Ajoutez les accents et complétez le tableau.

J'aime l'ete. ➔ été

Mon frere a dix ans. ➔ frère

	Les signes	Le son [e]	Le son [ɛ]
	été	✗ ✗	
	frère		✗
1. Le pere de Christine travaille en Grece.	....	....	....
2. Tu n'aimes pas la television ?	....	....	....
3. Laure, je te presente mon ami Hugues.	....	....	....
4. La mere de Robert est medecin.	....	....	....
5. La meteo n'est pas bonne, aujourd'hui.	....	....	....
6. Comment s'appelle votre collegue ?	....	....	....

4 **Il fait quel temps ?**

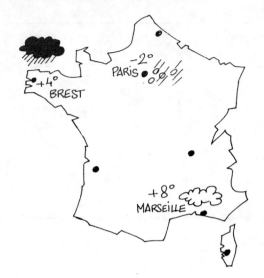

1. *C'est l'hiver* ....

À Paris, il fait .... *degrés.*

Il ....

Dans le Sud, à ...., *il* ....

....

....

2. ....

....

....

....

....

....

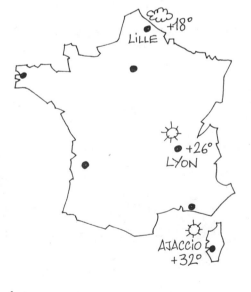

3. ....

....

....

....

....

....

4. ....

....

....

....

....

....

5 **Complétez les phrases.**

1. Il fait 30 degrés, j'ai chaud.

   nous ....

   tu ....

2. Il fait mauvais, est-ce que vous avez froid ?

   tu ....

   Jules et Catherine ....

3. Il fait chaud, j'ai soif.

   nous ....

   ils ....

6 **Demandez l'âge et donnez la réponse.**

Antonin... ? → *– Antonin a quel âge ?*
(5 ans) → *– Il a cinq ans.*

1. – Mathilde ....

   – (3 ans) ....

2. Mme Duverger ....

   – (31 ans) ....

3. Tu ....

   – ....

4. Les parents de Marcel ....

   – (48 ans) ....

5. Le père de Sandrine ....

   – (52 ans) ....

7 **Trouvez les questions.**

– Est-ce que vous avez une voiture ?
– Oui, une Citroën, et vous ?

1. – ....

   – Nous avons des amis, dans le Nord.

20

2. – ....

– Oui, un garçon de sept ans et une fille de treize ans.

3. – ....

– Non, mon mari ne travaille pas à Nantes.

4. – ....

– Oui, ils ont un hôtel sur la Côte d'Azur.

5. – ....

– Non, merci, je n'ai pas soif.

❽ Transformez comme dans l'exemple.

Hugues est le frère de Claire. → *C'est son frère.*

1. Mme Gelly est la mère d'Antoine. → ....

2. Martine est une amie de Suzanne. → ....

3. M. et Mme Blot sont les parents de Marc. → ....

❾ Complétez avec un adjectif possessif.

1. André, je te présente .... mère.

2. Jacques, ... parents aiment la musique ?

3. Mme Fumel habite rue du Vieux-Puits, ... voisins sont grecs.

4. Tu travailles dans un grand magasin ? .... collègues sont sympathiques ?

5. Marie-Ange habite à Paris, ... parents sont en province, dans le Sud.

❿ Ajoutez de + l'article (le / l' / la / les), selon le cas.

Une ville / Nord → *Une ville du Nord.*

1. Les mois / année → ....

2. Un infirmier / Hôpital américain → ....

3. Le numéro de téléphone / voisins → ....

4. La fête / musique → ....

5. Les coureurs / marathon → ....

6. Un étudiant / université → ....

7. L'acteur / film → ....

8. La nationalité / étudiants → ....

**⓫ Angélique, 17 ans, présente son copain Laurent à sa mère.
Mettez les répliques sous les dessins.**

– Maman, lui, c'est Laurent.   – Entre, Laurent, voilà ma mère.

– Enchanté, madame.   – Bonjour, Laurent. Tu vas bien ? Vous avez soif, les enfants ?

– ....

– ....

– ....

– ....

⓬ Lisez, puis remplacez la phrase qui ne convient pas.

– Bonjour, madame Perrier. Comment allez-vous ?

– Bien, monsieur Leroux, merci. Il fait beau aujourd'hui.

– Non, non, je n'aime pas le jazz.

– Oui, c'est le printemps. Et le soleil brille !

....

⓭ Constantin Téodopoulos, 22 ans, grec, est étudiant à Paris. Il achète un billet d'avion. Complétez la conversation.

CONSTANTIN : Bonjour, madame, un billet d'avion à tarif réduit Paris-Athènes pour le 20 décembre, s'il vous plaît.

L'EMPLOYÉE : (demande l'âge) ....

CONSTANTIN : (dit son âge) ....

L'EMPLOYÉE : (demande le nom et le prénom) ....

CONSTANTIN : (dit son nom et son prénom) ....

L'EMPLOYÉE : Voilà, monsieur Téodopoulos, vous avez un avion le soir du 20 décembre, à 19 heures.

⓮ Mme Brunet est avec sa fille, Fabienne, 21 ans, étudiante à Londres. Elle rencontre une voisine, mademoiselle Dupuis. Continuez.

MLLE DUPUIS : *Bonjour, madame Brunet, mais... c'est votre fille ?*

MME BRUNET : ....

⓯ Lucien Chevalier, 13 ans, arrive dans sa nouvelle classe. Les élèves posent des questions à Lucien (prénom, nom, âge, goûts).

UN ÉLÈVE : *Dis, Lucien, tu aimes le basket ?*

....

Textes

POUR ALLER PLUS LOIN

⓰ a• Lisez ces cartes postales.

Saint-Pétersbourg,
le 3 juillet 199...
Chers parents,
Nous sommes contents
d'être à Saint-Pétersbourg.
La ville est magnifique
et il fait beau !
Bises
            Marc et Lucie

▷1

Deauville, le 22 août 199...
Cher André,
Comment vas-tu ? Qu'est-ce
que tu fais, seul à Paris ?
À Deauville, c'est la belle vie !
Et le soleil brille.
C'est formidable !
Je t'embrasse.
            Béatrice

▷2

Chamonix, le 16 avril 199...
Chère madame Duprez,
Comment allez-vous ?
Moi, je vais très bien.
Le temps est magnifique
et j'adore Chamonix.
Mon bon souvenir.
Sylvie Revel

▷3

Voici le schéma des cartes postales :

On est à...., le... : Saint-Pétersbourg, le 3 juillet 199... / Chamonix, le 16 avril 199...

On écrit à... : Chers parents / Chère madame Duprez / Cher André / Salut, Pierre !...

On parle de... : Tout va bien / Je suis très content / Nous sommes enchantés d'être à Saint-Tropez... – C'est beau ! / C'est formidable ! / Le voyage est magnifique !... – Il fait beau à... / Il fait un temps splendide / Aujourd'hui, je vais au cinéma...

On dit au revoir... : Bises / Gros bisous / Je t'embrasse / Mon bon souvenir...

b● Choisissez et complétez le tableau :

amie, voisine, collègue, parents, ami, mère, enfants, voisin

Cartes postales	de (expéditeur)	à (destinataire)
1	Marc et Lucie (les enfants)	les parents
2	....	....
3	....	....

⑰ Remettez de l'ordre !

Chère Michèle,
Gros bisous. Tunis, le 18 mai 1997.
Et toi, comment vas-tu ? Tout va bien.
La ville est grande et belle et il fait chaud.
                                    Ton amie Céline

▷1

Salut Pierre !
À bientôt. François. Stockholm, le 22 juin 1997. Tout va très, très bien. Le pays est beau et les Suédois(es) formidables. C'est génial !

▷2

⑱ C'est l'été. Vous faites un voyage dans un pays européen. Écrivez une carte postale à :

1. votre professeur de français.   **2.** un couple d'amis français.

Il fait un froid de canard.

CARNET D'ADRESSES

Vocabulaire et orthographe

BOÎTE
À
OUTILS

❶ Avec ces syllabes, formez trois mots.

1. Trois adjectifs : brechercilefali   *libre*   ....
        2   1

2. Trois noms : maregajourtin   ....

3. Trois verbes : cherdreprenêtrecher   ....

❷ a● Complétez avec les mots de l'exercice précédent.

1. Le spectacle est .... !

2. Tu es ...., ce soir ?

3. La rue Victor-Hugo ? C'est .... !

4. Nous sommes quel ...., aujourd'hui ?

5. Tu vas à la .... et tu tournes à gauche. Compris ?

6. Le ...., il travaille à l'hôpital, l'après-midi au cabinet.

b● Conjuguez les verbes.

1. Pardon, monsieur, je .... la rue Monge.

2. Aujourd'hui, je .... contente !

3. Alors, tu .... l'avenue Georges-Pompidou.

❸ Lisez et ajoutez les accents comme dans r<u>ê</u>ver.

1. Demain, nous allons au théatre.

2. Mon reve : voyager toute l'année !

3. Je cherche un hotel.

4. Pardon, l'hopital est loin ?

5. Madame, vous etes libre à 14 heures ?

6. Allo, c'est Laurent. Tu vas bien ?

4 **a• Lisez les heures et écrivez-les.**

10 h 15 → Il est dix heures quinze (ou il est dix heures et quart).

1.   7 h 10   → ....

2. 18 h 05   → ....

3. 22 h 00   → ....

4. 13 h 30   → ....

5. 15 h 45   → ....

b• Quelle heure est-il ?

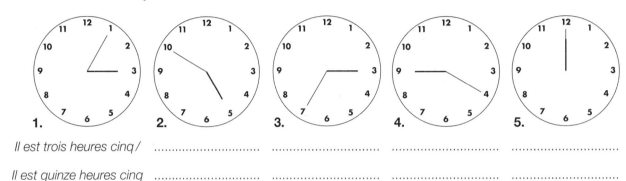

1.   **2.**   **3.**   **4.**   **5.**

Il est trois heures cinq /   ....

Il est quinze heures cinq   ....

Grammaire

5 **À partir de la grille suivante, formez six phrases.**

Nous				la maison	
il	(ne pas)	être	à	le bureau	à ... heures
Je		arriver		l'aéroport	

Nous ne sommes pas à la maison à six heures.
Nous arrivons à l'aéroport à vingt heures.

....

....

....

....

....

....

❻ Mettez les verbes à l'impératif comme dans l'exemple.

Tu vas à la gare. → *Va à la gare.*

1. Tu prends la première rue à droite. → ....

2. Vous allez tout droit. → ....

3. Nous prenons la rue Lamartine. → ....

4. Vous tournez à gauche. → ....

5. Nous écoutons la radio. → ....

6. Tu traverses la place de la Bastille. → ....

❼ Aidez votre ami(e) à venir chez vous. Utilisez l'impératif.

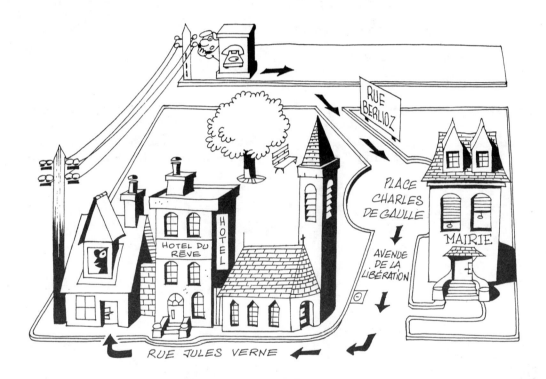

– *Allô ? Je suis rue de la République.*

– *Pour venir chez moi, c'est facile. Prends la première rue à droite,* ....

....

....

....

....

....

....

8 Mettez à l'impératif négatif.

Va à l'école. → *Ne va pas à l'école.*

1. Tournez à droite. → ....
2. Écoute la météo. → ....
3. Allez au théâtre. → ....
4. Prends l'avion de onze heures. → ....
5. Téléphone à ton frère. → ....
6. Demande l'adresse de Marie. → ....

9 Reliez la question à la réponse correspondante.

1. Vous vous appelez comment, monsieur ?   **a.** Je suis vendeuse.
2. Qu'est-ce que tu fais dans la vie ?   **b.** Dix ans et demi, et toi ?
3. Où est-ce que vous habitez ?   **c.** Onze heures vingt.
4. Quel âge as-tu ?   **d.** Lundi matin.
5. Quand est-ce que vous arrivez ?   **e.** À Nantes.
6. Quelle heure est-il ?   **f.** Je m'appelle Francis Leconte.

10 Écrivez l'infinitif et complétez la conjugaison des verbes suivants.

Infinitif :   ....

....   Je prends

Tu vas   ....

....

....   Nous prenons

Vous allez   ....

Ils / elles vont   ....

11 Ajoutez les adjectifs possessifs.

(Nous) .... voisins. → *Nos voisins.*

1. (Vous) .... mari.
2. (Elle) .... adresse.
3. (Ils) .... enfants.
4. (Tu) .... amis.
5. (Je) .... appartement.
6. (Elles) .... sœurs.
7. (Vous) .... parents

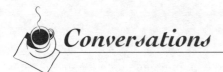

12 **a•** **Lisez cette conversation téléphonique.**

– Allô, c'est toi, Michel ? Tu vas bien ?

– Oui, merci, Paul, et toi ?

– Ça va. Dis, tu es libre samedi après-midi ?

– Pourquoi ?

– Je t'invite à mon club de tennis, de 14 heures à 16 heures.

– Oui, avec plaisir.

– À quelle adresse ?

– C'est le Club Pierre de Coubertin, au 32 rue Kéfir.

– Euh... C'est loin de la gare ?

– Non, non. Tu arrives à la gare, tu prends à droite, tu continues tout droit et, place du Marché, tu tournes à gauche.

b• **Répondez :**

1.	Qui	téléphone	à qui ?
	....		....

2. Pourquoi ? Pour faire un voyage. ☐
Pour aller au théâtre. ☐
Pour jouer au tennis. ☐

3. Où ? ....

4. Quand ? ....

13 **M. Lamy, médecin, aime le tennis lui aussi. Il invite M. Philippe Orth, infirmier, à jouer avec lui.**

M. LAMY : Philippe, vous êtes libre cet après-midi ? Je vais
à mon club de tennis...

....

....

....

....

....

....

....

....

⓮ Lisez et complétez cette conversation.

Mme Dupin : Allô, bonjour, c'est pour un rendez-vous.

La secrétaire : ....

Mme Dupin : Chantal Dupin.

La secrétaire : Vous préférez lundi 11 juin, à 18 h ou mercredi 13, à 11 h 30, madame Dupin ?

Mme Dupin : ....

La secrétaire : Alors, mercredi 13 juin, à 11 h 30. Au revoir, madame.

⓯ Frédéric, 19 ans, invite Geneviève à aller danser avec des amis.

Rendez-vous : vendredi soir, 21 h, à l'Entrepôt, 87, place Saint-Jacques (l'Entrepôt n'est pas loin du cinéma Métropolitan).

Frédéric : *Allô, Geneviève ? C'est moi, Frédéric...*

....

....

....

....

Textes

POUR
ALLER
PLUS
LOIN

⓰ a● Lisez ce message (télécopie ou fax).

Expéditeur : Marc et Julie Lacour
Téléphone et télécopie : 01 43 27 02 98
Nombre de pages transmises : 1
Destinataire : Jérôme
Objet : Notre arrivée à Saint-Raphaël

Paris, le 3 février 199...

Cher Jérôme,
Nous arrivons à la gare de Saint-Raphaël, jeudi 8 février, à 13 h 30, T.G.V. de Paris de 6 h 47.
Rendez-vous au café de la gare.

Bises

Maman et papa

b● Répondez :

1. Il y a 4 □ / 5 □ / 6 □ informations dans la télécopie, avant le texte (expéditeur, etc.).

2. Qui est Jérôme ? ....

3. Quel train prennent Marc et Julie Lacour ? ....

⑰ Complétez ce message de Vincent Desmoulins à son collègue Justin Barthelet. Son avion arrive à l'aéroport de Marseille-Marignane, à 15 h, lundi 9 avril. Rendez-vous au « Meeting-point ».

Expéditeur : ....
.... : 03 20 11 58 37
Nombre de pages transmises : 1
.... : ....
.... : Heure et jour d'arrivée à Marseille

Lille, le 22 mars 199...

Cher collègue,
Mon avion arrive ....
Je vous donne donc .... « Meeting-Point », à 15 h / 15 h 30.
Merci et à bientôt.

....

---

⑱ a● Lisez ce message. C'est une réponse.

Expéditeur : Evelyne Joxe
Téléphone et télécopie : 05 56 95 13 92
Nombre de pages transmises : 1 (une)
Destinataire : Myriam Boch
Objet :

Bordeaux, le 7 septembre

Chère Myriam,
Je ne suis pas à la maison mercredi matin.
Rendez-vous à 13 h, au restaurant de la place du Chapelet près du Grand Théâtre.

Bises
Evelyne

---

b● Écrivez le message de Myriam.

Suggestions : Myriam Boch, Dijon, n° téléphone et télécopie 03 80 77 55 39, train, 11 h 15.

Il se couche avec les poules.

Bonjour...

1 **Observez ce tableau.**

	Cinéma		Télévision
	Salles	Spectateurs	Audience (24h)
1964	5 592	276 000 000	55'
1970	4 381	183 000 000	126'
1980	4 540	174 000 000	124'
1994	4 286	126 000 000	189'

2 **Cochez la bonne case.**

1964-1970 : ↗ → ↘
les salles de cinéma ☐ ☐ ☐
les spectateurs ☐ ☐ ☐

1970-1980 : ↗ → ↘
les salles de cinéma ☐ ☐ ☐
les spectateurs ☐ ☐ ☐

1980-1994 : ↗ → ↘
les salles de cinéma ☐ ☐ ☐
les spectateurs ☐ ☐ ☐

3 **Et vous, vous aimez le cinéma ou vous préférez la télévision ?**

4 **Observez ce document et répondez :**

1. C'est le programme
   d'un concert de jazz ☐
   d'une rencontre sportive ☐
   d'un spectacle de danse classique ☐

2. Les étoiles internationales sont
   des ingénieurs ☐
   des acteurs ☐
   des danseurs ☐

3. Dans la ville de
   Reims ☐
   Paris ☐
   La Baule ☐

4. au Théâtre Mogador ☐
   à la Comédie Française ☐
   au théâtre de l'Odéon ☐

5. Quelle est l'adresse du théâtre Mogador ?
   ....

6. À quelles dates ?
   Du ......-7 (juillet) au ......-7-19 ......, à ...... h.

Les Jeunesses Musicales de France-Paris et Le Jeune Ballet de France, en accord avec les Rencontres internationales de la Danse de la Baule présentent

PARIS DANSE

Joan BOADA dans "FLAMMES DE PARIS"

Australie
Bachkortostan
Brésil
Canada
Chine
Cuba
Espagne
France
Italie
Turquie
USA
Vietnam

Galas de danse classique

3 programmes différents
Avec, pour la première fois réunies,

20 jeunes étoiles internationales

Du 15 au 28 juillet 1996 · Théâtre Mogador - 21h00
25, rue Mogador - 75009 Paris - Tél. 53 32 32 00

5 **Lisez le texte, observez le tableau et répondez aux questions :**

Le théâtre à Paris

Les Français aiment la danse, le théâtre, la musique et les spectacles culturels.

À Paris, par exemple, il y a des théâtres nationaux, comme la Comédie-Française (1680), l'Odéon (1780), Chaillot (1920). Il y a aussi des salles privées, comme le Théâtre Mogador (1919) et le théâtre de la Madeleine (1924).

Acteurs / Actrices	1000
Théâtres en 1700	5
en 1789	22
en 1994	58 (47 privés)
Spectacles (en 1993 / 1994)	
Théâtres nationaux	113
Théâtres privés	157

1. La ville de Paris a 58 théâtres. ☐
   47 théâtres. ☐

2. Il y a des théâtres dans votre ville ?

3. À Paris il y a + de 250 spectacles (par an). ☐
   – de 160 spectacles (par an). ☐

4. Vous aimez le théâtre ?

6 **a•** **Observez ce tableau : La France en 90 ans (1900-1990)**

(1 = 1000)

Années	Naissances	Décès	Excédent naturel	Mariages	Divorces
1900	879	890	–11 (890 – 879)	312	8
1910	822	732	+90	321	15
1920	834	671	+162	623	35
1930	750	649	+101	342	23
1940	559	738	–179	177	28
1950	858	530	+328	331	35
1960	816	517	+299	320	30
1970	848	540	+308	394	39
1980	800	547	+253	334	81
1990	762	526	+236	287	106

b • **Répondez :**

1. Quelles années ont un excédent naturel négatif ?

2. Les décès diminuent (↘) : La France va bien. ☐   La France va mal. ☐

3. L'excédent naturel est positif (+) : Le nombre des Français augmente (↗). ☐
   Le nombre des Français diminue (↘). ☐

4. Selon vous, quelles sont les années du « baby-boom » ?

5. Est-ce que les familles ont beaucoup d'enfants dans votre pays ?

6. En quelle année est-ce qu'il y a beaucoup de mariages ? ....

7. Pourquoi ? Les Français n'aiment pas vivre seuls. ☐
   C'est la paix (Première Guerre mondiale). ☐

8. En quelle année est-ce qu'il y a peu de mariages ? ....

9. Pourquoi ? Les Français préfèrent vivre seuls. ☐
   C'est la guerre (Deuxième Guerre mondiale). ☐

7 Pour téléphoner en France.
Observez ce document et répondez.

1. Repérez les chiffres sur la carte de France.
Reliez les chiffres à la bonne réponse.

01	• •	Sud-Est
02	• •	Sud-Ouest
03	• •	Nord-Est
04	• •	Nord-Ouest
05	• •	Île-de-France

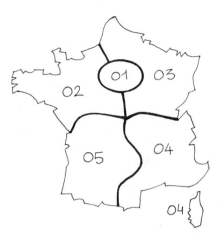

2. L'Île-de-France est la région de Paris. ☐
la ville de Paris. ☐
une île sur la Seine. ☐

3. Ces numéros sont des numéros de Lyon, Paris, Reims, Toulouse, Le Mans. Faites comme dans l'exemple.

03 26 45 81 96 → *Reims*

02 43 83 16 67 →   01 40 18 09 88 →

05 61 77 94 12 →   04 78 35 29 14 →

8 Observez ce document et répondez.

1. On donne des informations pour téléphoner
en France. ☐   en Europe. ☐   dans tous les pays. ☐

2. Pour téléphoner de France à l'étranger,
vous faites : **00** (= n° international)
+ **numéro du pays** (= indicatif du pays)
+ **numéro de zone** (indicatif de zone)
+ **numéro du correspondant**

Pour appeler de France à Bonn, en Allemagne,
vous faites : 00 49 228 + n° du correspondant.

à La Paz, en Bolivie, vous faites : ....

à Varna, en Bulgarie, vous faites : ....

9 Vous êtes dans votre pays.

Vous téléphonez à Paris à votre correspondant :
01 48 36 39 32
→ vous faites : Numéro international + 33 1 48 36 39 32 et **NON** 33 ⊠1 48 36 39 32

Vous êtes à l'étranger :
vous téléphonez au camping d'Épernay (Champagne), tél. 03 26 43 30 60
→ vous faites : N° international (souvent 00) + 33 3 26 43 30 60
vous téléphonez à un ami, à Angers (Pays-de-la-Loire), tél. 02 41 66 72 66
→ vous faites : N° international + ...

Pays	Code d'accès automatique 00	Indicatif des villes principales	
Açores	351	Santa Cruz	95
Afghanistan			
Alaska	1	Toutes villes	907
Albanie	355	Tirana	42
Algérie	213	Alger	2
		Annaba	80, 82 A 87
		Oran	6
Allemagne	49	Bonn	228
		Dusseldorf	211
		Hambourg	40
		Berlin	30
		Leipzig	341
		Rostock	381
Andorre	376		
Angola	244	Luanda	2
Antilles Néerlandaises	599	Curaçao	2, 9
Arabie saoudite	966	Riyadh	1
Argentine	54	Buenos Aires	1
Arménie	374	Erevan	2
Australie	61	Canberra	6
Autriche	43	Vienne	1
		Innsbruck	512
		Salzburg	662
Azerbaïdjan	994	Bakou	12
Bahamas	1809		
Bahrein	973-9		
Bangladesh	880	Dhaka	2
Biélorussie	375	Minsk	17
Belgique	32	Bruxelles	2
		Liège	41
		Namur	81
Bermudes	1809, 1441		
Bolivie	591	La Paz	2
Bosnie-Herzégovine	387	Sarajevo	71
Botswana	267	Gaberones	31, 35, 37
Brésil	55	Rio Janeiro	21
Bulgarie	359	Plovdiv	32
		Sofia	2
		Varna	52
Burkina Faso	226		
Burundi	257	Bujumbura	22

LA PAUSE DE MIDI

 Vocabulaire et orthographe

❶ Lisez cette liste de noms d'aliments et classez-les. Aidez-vous du dictionnaire, si nécessaire.

Les cerises, le mouton, la crème-caramel, la tarte au citron, les courgettes, le canard, les haricots, le concombre, la glace au chocolat.

Fruits	Légumes	Viandes	Desserts
....	....	....	....
....	....	....	....
....	....	....	....
....	....	....	....

**❷ Marc-Antoine fête la fin de l'année scolaire avec ses amis. Il laisse à sa mère la liste des choses à acheter. Attention : c'est un message codé !
Écrivez correctement cette liste.**

Maman, s'il te plaît, il faut acheter

— du pnai   → ....

— de la cucharterie   → ....

— des corns-pop   → ....

— 3 teillebous de suj de fruit → ....

— 4 teillebous de caco-laco → ....

— de la cegla au chocolat   → ....

— des frutis *(1)*   → ....

(1) Est-ce que tu peux nous préparer une salade de fruits ?

Merci ! Bises

M.-A.

35

❸ Lisez cette recette de la crème caramel et complétez par u [y] ou ou [u], selon le cas.

La crème caramel

Dans .....ne
casserole
faire un caramel
avec 150 gr
de s.....cre.

Casser les 4 œufs,
mélanger les jaunes
avec d..... sucre.

Verser
2 c.....illerées d'eau.

Verser le t.....t
(blancs et jaunes)
dans le lait,
à feu très chaud.

Faire fondre
le s.....cre
caramélisé et
le verser dans le lait
chaud (0,5 litre).

T.....rner le mélange.
Attention :
la c.....isson est
rapide !

Bon appétit !

❹ Dans la recette précédente, trouvez 4 mots contenant le son [i] et écrivez-les.

....

Grammaire

❺ Madame Bisset va au supermarché. Complétez sa liste d'achats comme dans l'exemple.

œufs → des œufs

viande → ....

eau minérale → ....

confiture → ....

pain → ....

gâteaux → ....

chocolat → ....

lait → ....

6 **Faites des phrases comme dans l'exemple.**

Madame Bisset / ne pas / acheter / tomates → *Madame Bisset n'achète pas de tomates.*

1. Monsieur Roux / ne pas / prendre / poisson

....

2. Arthur / acheter / bière

....

3. Henriette / ne pas / manger / charcuterie

....

4. Thierry / boire / lait

....

5. Le serveur / proposer / fruits de saison

....

6. Moi, je / ne pas / prendre / légumes

....

7 **Posez des questions avec quel comme dans l'exemple.**

À votre ami Frédéric, son plat préféré → *Quel est ton plat préféré ?*

1. À madame Frisquet, son adresse

....

2. À vos amis Pierre et Christine, leur numéro de téléphone

....

3. À votre professeur, le pluriel du mot cheval

....

4. À votre mère, le prix d'un kilo de fraises

....

5. À un copain, le jour de la semaine

....

8 **Remplacez les mots soulignés par un pronom tonique.**

Je dîne chez Laurence et Paul, ce soir. → *Je dîne chez eux, ce soir.*

1. Nous allons chez Gilles ou non ?

....

2. Odette habite chez son amie.

....

3. Il est chez <u>Claire et Pauline</u>.

....

4. Je suis chez <u>le docteur</u>.

....

5. Nous travaillons chez <u>Bruno et Serge</u>, aujourd'hui.

....

❾ Répondez aux questions.

Tu déjeunes avec Pascal ? → Oui, je déjeune avec lui.

1. Les fraises sont pour moi ?

Non, ...

2. Le rendez-vous est avec le docteur Ariane Bouniol ?

Oui, ...

3. Tu voyages avec tes parents ?

Non, ...

4. Les fruits sont pour toi ?

Non, ...

5. La bière est pour vous, monsieur ?

Oui, ...

6. Vous travaillez pour monsieur Legrand ?

Oui, ...

❿ Faites des phrases comme dans l'exemple.

Tu / venir / demain ? → (Est-ce que) tu viens demain ?

Elle / boire / chocolat chaud / en hiver ? → (Est-ce qu'elle) boit du chocolat chaud, en hiver ?

1. Elles / boire / lait / le matin ?

....

2. Vous / ne pas / manger / viande !

....

3. Ils / venir / à trois heures ?

....

4. Nous / manger / chez Yves / à midi.

....

5. Vous / prendre / café / au petit déjeuner ?

....

Conversations

⑪ Lisez cette conversation et mettez les répliques dans le bon ordre.

..... – Nous avons du rôti de veau avec de la purée de pommes de terre ou du poulet aux champignons.

..... – Bon, je prends le rôti de veau et la purée de pommes de terre.

1 – *Monsieur, s'il vous plaît, quel est le plat du jour ? Je suis pressé.*

..... – Et comme dessert, nous avons de la crème caramel maison et...

..... – La crème caramel, c'est parfait.

..... – Non, non, pas de vin, de l'eau minérale gazeuse, s'il vous plaît.

..... – Bien, monsieur. Vous buvez du vin ?

⑫ Pour ses vingt ans, Florence organise une fête. Au téléphone, elle parle du menu de la soirée à une amie, Claude. Complétez la conversation.

FLORENCE : Nous sommes douze, en principe. Donc, je prépare des plats froids. C'est plus simple !

CLAUDE : ....
....
....
....

FLORENCE : Oui, des crudités avec des sauces différentes : mayonnaise, moutarde, vinaigrette...

CLAUDE : Et comme viande ?

FLORENCE : ....
....
....

CLAUDE : Écoute, ne prépare pas de gâteau. J'ai une recette délicieuse de tarte au citron.

FLORENCE : ....
....
....
....

⑬ Vous êtes au restaurant et vous suivez un régime végétarien (sans viande). Demandez la carte, informez-vous sur les plats à base de légumes et commandez votre menu.

⓮ a● Lisez ces messages.

> Chéri,
>
> Il n'y a plus d'eau minérale.
> N'oublie pas d'en commander deux cartons au supermarché de la rue de Dunkerque.
> Achète aussi une bouteille de champagne : demain, c'est notre anniversaire de mariage !
>
> À ce soir !
>
> Martine

▷1

> Laurence,
>
> Tu rentres toujours trop tard !
> Ce soir, je dîne au restaurant avec un client important.
> Nous sommes au « Pied de cochon », 6 rue Coquillière.
> Tu viens ?
>
> À plus tard !
>
> François

▷2

**b● Qui écrit à qui ?
Choisissez et complétez le tableau.**

Le père, la mère, le fils, la fille, le voisin, le collègue, le client, le mari, la femme, l'ami(e).

> Pierre,
>
> Achète du lait et des œufs. Je fais un gâteau quand je rentre.
> À ce soir.
>
> Maman

▷3

Messages

	Qui	à	Qui	Fonction
1	la femme (Martine)		son mari	....
2	....		....	....
3	....		....	....

**c● Quelle est la fonction des messages 1, 2 et 3 ?
Choisissez et complétez le tableau ci-dessus.**

Demander un service / protester / commander (un menu) / inviter (au restaurant, à la maison) / exprimer ses goûts.

**⓯ Paul, un lycéen de 17 ans, dîne ce soir chez son ami Charles.
Il laisse un message à sa mère.
Complétez.**

> Chère maman,
>
> Ce soir ....
> ....
> ....
> Je travaille avec lui cet après-midi : demain nous avons un contrôle de français.
>
> Bises
>
> ....

16 Aline laisse un message à Philippe, son mari. Il doit aller à la gare chercher sa mère (le train arrive à 18 h 15) et acheter de la viande, du pain et des légumes pour le dîner. Écrivez le message et précisez les aliments à acheter.

Chéri,

N'oublie pas que ta mère ....

....

Et pour ce soir, ...

....

Merci ! Bises

....

17 Daniel téléphone à sa copine Marie-Noëlle : elle n'est pas chez elle. Alors, il laisse un mot dans sa boîte aux lettres. Écrivez le message à partir des suggestions suivantes.

Il invite Marie-Noëlle à la Brasserie belge, place Surcouf, manger des moules et des frites. Rendez-vous à huit heures.

Marie-Noëlle, tu aimes toujours les moules et les frites ?

18 À partir des suggestions ci-dessous, écrivez un message sur le modèle des précédents.

Patrick, 0,5 kg de tomates fraîches, rentrer tard, acheter, des fruits, un paquet de pâtes, avoir une réunion à 18 h, [remercier, saluer], Géraldine.

Il a une faim de loup.

SPORT ET SANTÉ

 Vocabulaire et orthographe

❶ Formez les couples !

mince	salé	*mince-gros*
sucré	cher	....
bien	*gros*	....
maigre	léger	....
bon marché	mal	....
lourd	gras	....

❷ Chassez l'intrus ! Remplacez le mot bizarre.

– Comment ça va ? – Bien, j'ai mal partout ! → *Mal, j'ai mal partout !*

1. J'ai de la fièvre. Je vais chez mon technicien. ....

2. Pour être en forme, monsieur, il faut manger lourd. ....

3. Tu n'as pas de voix ! Tu as mal aux jambes ? ....

4. Prenez quatre comprimés par jour, mademoiselle : ....
trois le matin et deux le soir.

5. Chéri, tu as acheté combien de viande ? ....
– Trois bouteilles.

❸ Il est très malade.

Il a mal à la tête. ....

④ Dans quels mots est-ce qu'il y a les sons [e], [ɛ], [ə] ?

[e]   madame / petit / légumes   ....

[ɛ]   fièvre / jambe / menu   ....

[ə]   banane / journée / demander ....

⑤ a● Lisez à haute voix.

1. Ton *repas* est trop riche.
2. C'*est* bon pour la *santé*.
3. Vous *avez* de la *fièvre* ?
4. Ta *mère* fait du *vélo* ?
5. *Faites* attention aux *médicaments*.
6. *Prenez* place, *monsieur* !

b● Copiez les mots en italiques de l'exercice 5 a et faites comme dans l'exemple.

Les signes	Le son [e]	Le son [ɛ]	Le son [ə]
repas			✗
est		✗	
santé	✗		
....	.....	.....	.....
....	.....	.....	.....
....	.....	.....	.....
....	.....	.....	.....
....	.....	.....	.....
....	.....	.....	.....
....	.....	.....	.....

Grammaire

⑥ Lisez et conjuguez le verbe entre parenthèses.

(Dire) trente-trois, madame ! → *Dites trente-trois, madame !*

1. Vous (faire) de la marche et du vélo, c'est vrai ?

   ....

2. Il (faire) froid pour la saison !

   ....

3. Je (dire) bonjour à Anne et j'arrive.

   ....

4. Elles (faire) du piano le mardi après-midi.

....

5. Nous (dire) « vous » à Jacqueline.

....

6. Tu (faire) tes devoirs, d'accord ?

....

❼ Lisez ce texte et mettez-le au passé composé.

Le matin, je prends mon train à sept heures. J'arrive au bureau vers huit heures. Je travaille de huit heures à midi. Puis je déjeune avec mes collègues. L'après-midi, je suis au bureau de deux heures à dix-sept heures trente. À six heures dix, je prends le train pour rentrer chez moi.

Hier matin, ...

....

....

....

❽ Trouvez les questions ou les réponses, selon le cas.

Questions	Réponses
1.	Dans notre classe, nous sommes quinze filles et douze garçons.
2.	Je n'ai pas de frères.
3. Combien de comprimés est-ce que tu prends par jour ?	....
4. Combien d'heures de voiture est-ce que vous faites pour aller de Paris à Lyon ?	.... (5 h)
5.	Comme desserts, deux glaces au chocolat et trois crèmes-caramel.
6.	Nous sommes le 31 août, chéri.

❾ Transformez comme dans l'exemple.

Tu prends du fromage ? → *Tu en prends ?*

1. Au dîner, Gérard boit du vin. → ....

2. Vous avez des amis à Calais ? → ....

3. Nous avons des fraises dans notre jardin. → ....

4. Tu achètes du pain, s'il te plaît ? → ....

5. Vous avez du café à la maison ? → ....

❿ Complétez avec assez de / trop de / beaucoup de, **selon le cas.**

Tu as cent francs ? Je n'ai pas .... argent. → *Je n'ai pas assez d'argent.*

1. Elle prend douze comprimés par jour ! Mais il ne faut pas prendre .... médicaments.

2. Ils sont douze dans cette famille : Dorothée a .... frères et sœurs.

3. Chers auditeurs, pour aujourd'hui .... de soleil dans le Sud, et de la pluie, toujours de la pluie, à l'Ouest et dans le Nord !

4. Je n'ai pas .... sucre pour mon gâteau. Tu en demandes un peu à la voisine ?

5. Dans leur maison de campagne, ils ont toujours .... amis.

6. Stéphane a mangé .... gâteaux et il n'est pas bien.

⓫ Transformez comme dans l'exemple.

Il n'achète pas de fruits. → *Il n'en achète pas.*

1. Mes sœurs ne prennent pas de vacances. → ....

2. Nous n'avons pas de voiture. → ....

3. Vous ne faites pas de natation ? → ....

4. Tu ne prends pas de thé ? → ....

5. Vous ne buvez pas de bière ? → ....

6. Je ne mange pas de viande. → ....

 *Conversations*

PAROLES EN LIBERTÉ

⓬ a• Complétez la conversation avec ces deux répliques :

– Non, pas trop.   – Oui, je fais du sport, du tennis, du vélo et de la natation !

– Tu es en forme !

– ....

– Et tu n'as pas mal aux bras, aux jambes...

– ....

– Tu as consulté un médecin ? À soixante ans, il faut faire attention...

b● Qui parle à qui ?   médecin / patient   ☐
père / enfant de six ans ☐
ami / ami   ☐

⓭ Lisez et mettez les répliques des deux conversations dans l'ordre.

– Bonjour, madame Duclos. Comment allez-vous ?
– Salut, Sophie. Ça ne va pas aujourd'hui ?
– Voilà, madame Duclos, mon conseil c'est de marcher une petite heure le matin. D'accord ?
– Oui, un comprimé d'aspirine.
– Pas très bien, docteur. Mes jambes...
– Non, Mathilde, j'ai mal à la tête.
– Tu as pris quelque chose ?

Conversation 1

– ....

– ....

– Voilà, madame Duclos, mon conseil c'est de marcher une petite heure le matin. D'accord ?

Conversation 2

– ....

– ....

– ....

– Oui, un comprimé d'aspirine.

⓮ Vous êtes en France. Vous avez pris froid et vous avez mal à la gorge. Vous allez chez un médecin. Imaginez la conversation.

Vous : *J'ai mal à la gorge, docteur.*   ....

....

 *Textes*

POUR
ALLER
PLUS
LOIN

Unité 6

SPORT ET SANTÉ

⑮ a• Lisez cette lettre.

> Poitiers, le 30 mars 199…
>
> Chère Hélène,
>
> Merci pour ta lettre. Je vais bien et je travaille beaucoup.
>
> Tu continues ton régime ? C'est très important ! Mange beaucoup de légumes, bois de l'eau en dehors des repas et fais du sport. Et ne travaille pas trop !
>
> Je suis à Paris, lundi 5. Tu es libre le soir ? Téléphone-moi dimanche. Je suis à la maison pendant la journée.
>
> Bises et à bientôt.
>
> Jeanne

b• Repérez :

1. Les conseils de Jeanne à Hélène.

....

2. Les informations sur la santé de Jeanne, sur ce qu'elle fait, etc.

....

⑯ Remplacez les conseils à l'impératif par il faut + infinitif.

....

....

....

....

⑰ a• Lisez cette lettre.

> Langres, le 3 novembre 199…
>
> Cher Roland,
>
> Comment vas-tu, mon petit ? Moi, ce n'est pas la forme. Hier, mon médecin a dit : « Madame, vous ne faites pas assez de sport, dans votre travail il y a trop de stress, vous ne pouvez pas manger de fromage, etc., etc. » Ce n'est pas génial !
>
> La famille va bien. Ton frère est en voyage avec l'école, en Espagne, et la maison est vide…
>
> Fais attention à toi.
>
> Je t'embrasse,
>
> maman

b● Vrai ou faux ?

		Vrai	Faux
1.	La mère de Roland va bien.	....	....
2.	Elle n'est pas en forme.	....	....
3.	Elle ne peut pas prendre de médicaments.	....	....
4.	Elle ne peut pas manger beaucoup de fromage.	....	....
5.	Elle n'est pas contente.	....	....
6.	Le frère de Roland travaille en Espagne.	....	....

⑱ Écrivez la réponse de Roland à sa mère. N'oubliez pas les bons conseils !

Ma chère petite maman,

....

....

....

....

Elle a l'estomac dans les talons.

48

DE TOUTES LES COULEURS

Vocabulaire et orthographe

❶ Formez deux groupes !

Blouson, bleu, chemise, violet, marron, pull, rose, tailleur, vert, cravate, jaune, costume, brun.

Groupe 1	Groupe 2
blouson	*bleu*
....	....
....	....
....	....
....	....
....	....
....	....

❷ Reliez les mots des deux listes.

1.	essayer	**a.**	un rendez-vous
2.	demander	**b.**	en forme
3.	faire	**c.**	une veste
4.	être	**d.**	un repas
5.	aller	**e.**	attention
6.	prendre	**f.**	bien

❸ Qu'est-ce que vous mettez ?

Il fait très froid, je mets un manteau.

1. Je vais au gala de la danse, ...

2. J'ai rendez-vous avec le directeur, ...

3. Il pleut, ...

4. Je vais à la campagne, ...

4 **Lisez ces mots à haute voix et classez-les dans la colonne correspondante.**

Les signes	Le son [s]	Le son [z]
musique		
onze		
dessert		
soleil		
maison		
seize		
dix		
céréales		

Grammaire

5 **Lisez et complétez par** ce / cet / cette / ces, **selon le cas.**

1. .... jupe est trop large pour moi !

2. Le beige et l'orange sont à la mode, ... été.

3. .... chaussures sont trop chères !

4. .... taille est la bonne.

5. Bon, j'achète .... pantalon. Il me va bien.

6. Je pense que .... enfants cherchent le rayon jouets.

6 **Complétez par** me / te / vous / lui **et va bien, selon le cas.**

J'achète le pull vert : il... → *il me va bien.*

1. Où est-ce que tu as acheté cette robe ? → *Elle* ....

2. Madame, je trouve que la veste rouge... → ....

3. Maman, tu m'achètes ce blouson ? → *Il* ....

4. Le chemisier de Valérie est magnifique. → *Il* ....

5. Prends le pull jaune. → *Cette couleur* ....

6. Voilà, monsieur, essayez du 48. → *La taille plus petite* ....

7 **Conjuguez les verbes.**

1. Je choisis

   Nous ....

   Elles ....

2. Tu as choisi

   Vous ....

   Ils ....

3. Tu finis

   Il ....

   Vous ....

4. J'ai fini

   Elle ....

   Nous ....

8 **Complétez avec** beaucoup **ou** très.

1. J'aime .... ce manteau.

2. Ce pantalon est .... beau.

3. Véronique travaille .... cet été.

4. Je trouve que vous mangez ....

5. Un thé .... chaud, s'il vous plaît.

6. Ces vêtements sont .... chers.

9 **Mettez ces phrases au passé composé.**

Vous buvez trop. → *Vous avez trop bu.*

1. D'après ses professeurs, il travaille assez. → ....

2. Sandrine écoute beaucoup tes conseils. → ....

3. Marc mange trop ! → ....

4. Il pleut beaucoup en avril. → ....

5. Nous aimons beaucoup sa cuisine. → ....

6. Cet hiver, elles voyagent assez souvent. → ....

10 **Dites quelle est leur opinion. Utilisez :** penser que..., à mon / ton / son avis...

(Il) ses parents vont bien. → *Il pense que ses parents vont bien.*
À son avis, ses parents vont bien.

1. (Elles) ces couleurs sont très vives. → ....
   ....

2. (Nous) ce voyage est trop long. → ....
   ....

3. (Je) le printemps arrive. → ....
   ....

4. (Vous) cet hôtel n'est pas cher. → ....
   ....

5. (Tu) les amis de Florence sont sympathiques. → ....
   ....

6. (Il) ce spectacle est génial. → ....
   ....

 *Conversations*

⑪ Lisez cette conversation.
a● Complétez avec l'une des deux répliques suivantes :

– Elle est chère ?   – Le rouge te va bien

– Ta veste est magnifique !

– Tu trouves ? Pour moi, elle est large.

– ....

– Non, 600 francs.

– Je suis d'accord, elle n'est pas chère. Je peux l'essayer ?

b● Qui parle à qui ?   vendeuse / cliente   ☐
amie / amie   ☐
mère / enfant   ☐

⑫ Imaginez une conversation semblable entre une vendeuse et une cliente. Utilisez : essayer la taille en dessous, coûter combien.

LA VENDEUSE : *Cette jupe est magnifique, mademoiselle !*

⑬ a● Lisez et repérez :

La demande de renseignements. → C'est la phrase n° .....

La réponse à cette demande.   → C'est la phrase n° .....

1. Monsieur, s'il vous plaît, je ne trouve pas le rayon chaussures...
2. Pour adultes ou pour enfants ?
3. Pour adultes. C'est pour moi.
4. Bon, vous allez tout droit et vous traversez le rayon des parfums. Les chaussures sont à droite.

b● Trouvez une autre formulation pour demander des renseignements et répondre.

⑭ Complétez cette conversation.

– Ce blouson me va bien, mais vous l'avez en bleu ?

– ....

– ....

– ....

– Ah, non, c'est trop cher !

Textes

POUR
ALLER
PLUS
LOIN

⑮ a• Observez ces modèles.

1 Christian Dior

2 Paco Rabanne

3 Dorothée Bis

b• Répondez.

1. Ce sont des photos d'amies. ☐
    des mannequins. ☐

2. Le nom écrit sous chaque photo est le nom de la jeune femme. ☐
    le nom du créateur de mode. ☐

3. Est-ce que vous connaissez ces noms ?

c ● Lisez ces textes et reliez-les à la photo correspondante.

Le noir et le blanc, un mariage toujours chic. Cette jolie robe courte à rayures est idéale pour les étudiantes.

Pour le bureau ou un rendez-vous professionnel, vous êtes parfaite avec cet ensemble, veste et pantalon beiges. En hiver, portez-le avec une écharpe en cachemire.

Une jolie veste d'une rare élégance à motifs géométriques pour un après-midi ou une belle soirée au restaurant. Conseillé aux brunes.

1. Repérez dans les textes les mots inconnus.

....

2. Faites une liste des couleurs et une liste des vêtements mentionnés dans ces textes.

Couleurs *blanc,* ....

Vêtements *la robe,* ....

d ● On trouve ces textes dans les revues féminines.

On parle aux lectrices directement *(portez-la ; vous êtes parfaite avec...)*, ou indirectement *(conseillé aux brunes ; idéale pour les étudiantes)*.

Répondez :

Dans ces textes, on décrit des vêtements. ☐

                on pose des questions. ☐

                on fait des commentaires. ☐

                on conseille. ☐

                on donne des ordres. ☐

e ● Schéma de ces textes :

– Description et commentaire (toujours positif) :
Le noir et le blanc, un mariage toujours chic (= commentaire). *Un jolie* (= commentaire) *robe.*

– Conseil :
Conseillé aux brunes. Idéal pour les étudiantes.

⑯ Observez ce modèle et complétez le texte.

Un joli (description) ....

....

pour .... (Conseil).

....

Kenzo

⑰ Observez ce modèle. Écrivez un texte, comme les précédents, pour une revue de mode.

Conseils :

Faites la liste des vêtements à décrire (couleurs, motifs,...).

Choisissez les adjectifs de commentaire (beau, joli, magnifique...).

Pensez aux conseils (pour quelles lectrices : blondes, brunes, étudiantes... ?).

Il est tiré à quatre épingles.

UN ALLER-RETOUR

Vocabulaire et orthographe

❶ Choisissez.

1. Quand vous partez en voyage, vous achetez une voie. ☐
       un quai. ☐
       un billet. ☐

2. Quand vous voulez nager, vous allez à la gare. ☐
       à la plage. ☐
       à la cantine. ☐

3. Quand vous n'avez pas beaucoup d'argent, vous prenez un hôtel calme. ☐
       cher. ☐
       bon marché. ☐

4. Quand on est fatigué, il faut manger. ☐
       travailler. ☐
       dormir. ☐

❷ Lisez et complétez correctement les formes verbales.

1. Tu veu..... partir mercredi ou jeudi ?

2. Je peu..... vous accompagner ?

3. Elle sor..... du bureau à quelle heure ?

4. Elles parte..... pour Singapour ce soir.

5. Tu descen..... à Lyon ?

6. Nous voulon..... réserver deux places.

7. Je sor..... tous les matins à huit heures.

8. Tu par..... demain ou après-demain ?

❸ Les adjectifs suivants se prononcent de la même manière au masculin et au féminin, sauf les intrus. Chassez-les !

Masculin	Féminin
un train **direct**	une réponse **directe**
un **joli** tableau	une **jolie** maison
un **petit** garçon	une **petite** villa
un **bon** repas	une **bonne** recette
un sport **génial**	une idée **géniale**
un vol **international**	une course **internationale**
un homme **seul**	une **seule** occasion
un costume **cher**	une jupe **chère**
un prix **intéressant**	une proposition **intéressante**

4 Retrouvez dix mots concernant les vacances et les voyages.

A	R	E	T	O	U	R
C	A	M	P	I	N	G
L	N	O	R	T	O	U
A	D	T	Q	U	A	I
S	O	V	O	I	E	C
S	N	U	L	I	C	H
E	N	P	L	A	G	E
D	É	P	A	R	T	T
E	E	T	U	T	G	V

5 Lisez et rangez ces mots dans la colonne correspondante.

Les signes	Le son [e]	Le son [ɛ]
détester	✗	.....
télévision	.....	.....
Suède	.....	✗
collègue	.....	.....
soirée	.....	.....
après-midi	.....	.....
numéro	.....	.....
bière	.....	.....
espèces	.....	.....
épinards	.....	.....

Grammaire

6 Complétez à l'aide des verbes suivants : partir, sortir, descendre, être, avoir.

Hier, mon train avec vingt-cinq minutes de retard.
→ *Mon train est parti avec vingt-cinq minutes de retard.*

1. Philippe très tôt, ce matin. → ....

2. Pour aller au Louvre, vous devez → ....

à la station Palais-Royal. ....

3. Nous chez Thomas hier soir. → ....

4. Je très chaud, cette nuit. → ....

5. Quand est-ce que vous en vacances ? → ....

6. Madame, vous au prochain arrêt ? → ....

❼ Mettez les verbes au passé composé.

Vincent (arriver) le premier. → *Vincent est arrivé le premier.*

1. Laure (sortir) à huit heures. → ....
2. Mes sœurs (rester) en Turquie. → ....
3. Maman (rentrer) à la maison. → ....
4. Son avion (partir) avec du retard. → ....
5. Ils (venir) en vacances avec nous. → ....
6. Elle (arriver) tôt, ce matin. → ....

❽ Avec être ou avoir ? Mettez les verbes au passé composé.

1. Il (manger) trois gâteaux. → ....
2. Elles (aller) en Espagne. → ....
3. Mes parents (rentrer) tard. → ....
4. Elle (nager) pendant une heure. → ....
5. Nous (arriver) à la gare à 8 heures. → ....
6. Ils (rencontrer) mon frère en France. → ....
7. Vous (lire) pendant vos vacances ? → ....

❾ Rangez ces adjectifs dans la colonne correspondante. Aidez-vous du dictionnaire, si nécessaire.

Beau, horrible, génial, magnifique, internationale, bizarre, grand, formidable, contente, rare, gentille, chère, facile.

Masculin	Féminin	Masculin / Féminin
beau	*internationale*	*horrible*
....	....	....
....	....	....
....	....	....
....	....	....
....	....	....

❿ Lisez ces phrases, retrouvez les parties qui vont ensemble et reliez-les par alors.

Il pleut beaucoup, alors prends ton imperméable !

1. Il pleut beaucoup,
2. Elles sont arrivées en retard,
3. Il est trop gros,
4. Il a fait quarante degrés hier,
5. Jean a trouvé du travail,

a. elles ont raté leur avion.
b. il est content.
c. il fait un régime.
d. prends ton imperméable.
e. il a eu trop chaud.

⑪ Complétez à l'aide des formes verbales de vouloir, devoir, pouvoir.

Aline, tu .... du chocolat ou du café au lait ? → *veux*

1. Quand nous sommes malades, nous .... appeler un médecin.

2. Tu .... acheter du lait, quand tu sors ?

3. À dix-huit heures, je ne .... pas être chez Raphaël, je suis en retard.

4. Vous .... travailler régulièrement, au moins quatre heures par jour.

5. Elle .... aller à son bureau en voiture, il n'y a pas de train direct.

6. Nous .... organiser une fête à la maison avec tous nos amis.

⑫ Accordez les adjectifs.

1. Roxane a choisi un pull .... (vert)

2. Sa veste .... lui va bien. (marron)

3. Les maisons de cette petite ville sont .... (blanc)

4. Ta voiture est .... ou .... ? (rouge / bleu)

5. Achète le chemisier .... Il te va bien. (jaune)

6. Chérie, où est ma veste .... ? (noir)

 *Conversations*

PAROLES
EN
LIBERTÉ

⑬ Lisez et mettez un peu d'ordre dans les répliques.

Philippe, 15 ans, va chez sa grand-mère. Arrivé chez elle, il raconte...

PHILIPPE : Pour être tranquille, j'ai demandé aux Informations le numéro du quai de mon train.
LA GRAND-MÈRE : Et qu'est-ce qu'on t'a dit ?
LA GRAND-MÈRE : Et alors ?
PHILIPPE : Alors, j'ai regardé derrière moi, vers les quais, et qu'est-ce que j'ai vu ? Mon train, là, derrière moi !
PHILIPPE : « Votre train, jeune homme, part dans une minute exactement. Nous sommes le deux juin et l'horaire des trains change aujourd'hui ! »

⑭ Lisez et ajoutez la réplique qui manque.

Annonce : le train 842 Nice-Paris entre en gare, quai n° 15.

– Pardon, madame, qu'est-ce qu'on a dit ?

– Que le train 842 arrive quai n° 15. C'est votre train ?

– Oui, mais il a vingt minutes de retard. Et vous, où est-ce que vous allez, madame ?

– ....

– Tours ? Ma sœur habite à Tours !

⑮ Roland et Paul ont passé une semaine en Bretagne, dans une auberge de jeunesse. Ils en parlent à leur ami Jean-Marie.
Complétez la conversation à partir des suggestions suivantes :

Aller à la plage, faire des randonnées à cheval, admirer les menhirs de Carnac, être bonne.

JEAN-MARIE : Alors, qu'est-ce que vous avez fait en Bretagne ?

ROLAND : Lundi et mardi, nous ....

PAUL : Mercredi, du matin au soir, nous ....

JEAN-MARIE : À cheval ? Magnifique ! Et puis ?

ROLAND : .... Carnac.

JEAN-MARIE : Ah, oui, les menhirs, ces grandes pierres alignées.

PAUL : (commentaire sur les menhirs) ....

ROLAND : Et vendredi et samedi, encore la plage.

JEAN-MARIE : L'eau est froide, à cette saison ?

PAUL : ....

 *Textes*

16 **a•** **Lisez ces extraits.**

Extrait 1

...Je suis bien arrivé à Genève, mais le train a eu une heure de retard. Henri est venu à la gare et il m'a accompagné à l'hôtel. L'après-midi, je suis allé faire une promenade en ville et j'ai beaucoup marché. À cinq heures, je suis allé au bureau d'Henri et nous avons fait une excursion sur le lac...

Extrait 2

... Hier, nous sommes allés visiter la ville. Elle est très belle. Francine a pris des photos. À midi, nous avons mangé dans un petit restaurant, près de la plage, et l'après-midi nous avons acheté des souvenirs pour toute la famille...

Extrait 3

La semaine dernière, j'ai rencontré deux jeunes filles allemandes très sympathiques. Nous avons fait des excursions dans la région et nous sommes devenus amis. L'une d'elles, Karin, est très jolie et je suis un peu tombé amoureux d'elle ... Mais hier, elle est repartie pour l'Allemagne...

b• **Répondez :**

1. Ce sont des extraits d'articles de presse. ☐
de correspondance personnelle. ☐

2. Dans ces extraits on pose des questions. ☐
on raconte ce qu'on a fait. ☐
on demande des renseignements. ☐

3. Pour raconter, on utilise le présent de l'indicatif. ☐
le passé composé. ☐
l'impératif. ☐

c• **Quand on raconte, on se situe dans le temps : on indique le moment de la journée, de l'année, l'heure, etc.**
Dans les extraits précédents, repérez les expressions de temps.

Extrait 1	Extrait 2	Extrait 3
L'après-midi	....	....
....	....	....
....	....	....
....	....	....

❼ **Sylviane parle à une amie de son voyage à Rome, avec ses parents. Complétez son récit.**

Le mois dernier, (passer 3 jours, Rome) ....

....

Nous (prendre vol Nouvelles Frontières, bon marché) ....

....

Nous (partir, vendredi 17 h, arriver, 19h) ....

....

Nous (visiter, monuments, Vatican) ....

et (samedi matin, faire excursion) .... *sur le Tibre.*

....

....

Et je (manger) .... *de très bonnes glaces !*

❽ **Antoine, pour ses 17 ans, a eu un vélo tout terrain (VTT). Il écrit à son grand-père et parle de ses vacances « sportives ». Continuez son récit.**

J'aime beaucoup les randonnées à vélo, comme tu sais. Alors, pour mes vacances...

❾ **Votre correspondant(e) français(e) est venu(e) dans votre pays, chez vous. Vous l'avez accompagné(e) dans une visite de votre ville. Imaginez le récit de cette visite dans une lettre à ses parents.**

L'autre jour, avec (votre prénom), *je...*

Les voyages forment la jeunesse.

À mon avís...

1 **Comment mangent les Français ?
Voici quelques chiffres.**

a• Classez ces aliments et ces boissons par catégorie (kg, l) et par ordre décroissant (↘).

kilogrammes (kg)	litres (l)
pommes de terre (63)	eaux minérales
pain (58,4)	...
...	...

**Un Français consomme en moyenne
(en kilo et en litres)**

Alcools	11,5	Pain	58,4
Beurre	8,2	Pâtes	7
Bière	40	Poisson	19
Céréales	1,1	Pommes	15
Coquillages	25	Pommes de terre	63
Desserts frais	6,5	Sucre	10
Eaux minérales	103	Surgelés	33
Glaces	6	Viande	25,8
Jus de fruits	12,5	Vin	65
Oranges	11	Volaille	18,5

b• Répondez.

1. Quels sont les aliments de base, selon vous ?

2. Quels aliments du tableau sont présents dans votre alimentation ?

2 **Lisez ce texte sur l'évolution des habitudes alimentaires des Français.**

Les Français à table

Les Français mangent bien. Leurs repas sont légers. Le petit déjeuner dure aujourd'hui 17 minutes (10 minutes en 1990 !) ; on mange du pain, du beurre et de la confiture mais aussi des céréales ; on boit du café, du lait et des jus de fruits.

À table, les Français mangent du poisson et boivent de l'eau minérale. Ils achètent des plats surgelés ; on livre des plats cuisinés à la maison sur commande.

Les heures des repas aussi changent, à cause des rythmes de travail, surtout dans les grandes villes.

Mais, attention ! Pour faire la fête, en famille ou avec les amis, chez soi ou au restaurant, les Français retrouvent leur cuisine traditionnelle et le goût du bon vin.

a• Repérez les chiffres.

1. Ils se rapportent au dîner. ☐
au petit déjeuner. ☐
au déjeuner. ☐

2. On compare la quantité d'aliments. ☐
l'heure du petit déjeuner. ☐
la durée du petit déjeuner. ☐

3. Aujourd'hui, le petit déjeuner est
plus (+) long ☐
plus (+) court ☐ qu'en 1990.
identique (=) ☐

b• Répondez :

1. Qu'est-ce que les Français mangent ?
Qu'est-ce qu'ils boivent ?

2. Pourquoi est-ce que les Français ont de nouvelles habitudes alimentaires ?

c• Choisissez :

1. faire la fête =
travailler toute la journée ☐
manger et danser avec les amis ☐
faire la cuisine et la vaisselle ☐

2. la cuisine traditionnelle =
les surgelés ☐
les recettes végétariennes ☐
les plats du pays ☐

3. quand vous voulez faire la fête,
vous dansez ☐
vous allez au restaurant ☐
vous chantez ☐
vous invitez des amis à la maison ☐
vous allez au cinéma (au théâtre) ☐
vous écoutez de la musique chez vous ☐
vous vous achetez quelque chose ☐
(des vêtements, des livres...)

3 **Observez ce document et répondez.**   oui   non

1. Ce sont des Français de 20 à 60 ans.   ....

2. Ce sont des Français et des Françaises
   de 20 à 29 ans.   ....

3. En 40 ans, les femmes ont pris 3 cm.   ....

4. En 40 ans, les hommes ont pris 2 cm.   ....

5. Aujourd'hui, les femmes sont plus (+) minces.   ....

6. Aujourd'hui, les hommes sont plus (+) gros.   ....

7. Et vous, vous êtes plus grands, plus minces que vos
   parents ?

PLUS GRANDS, PLUS MINCES
HOMMES ET FEMMES ENTRE 20 ET 29 ANS

4 **a• Lisez.**

Les Français et la santé

Chaque Français dépense 1 000 francs par mois pour sa santé : c'est la première place en Europe et la troisième dans le monde, derrière les États-Unis et le Canada.

De 1972 à 1994, le nombre de médecins a augmenté de 112 %. Il y a beaucoup de nouvelles professions dans le domaine de la santé : en dix ans, plus de 20 % de chercheurs, d'infirmiers spécialisés et de techniciens.

b• Repérez les chiffres et complétez les phrases :

1. En 1 mois, les Français dépensent ....

2. La France occupe la place n°.............. en ....

3. La France occupe la place n° .... dans le monde.

4. Le nombre de médecins a augmenté de ....
   (de 1972 à ....).

5. En .... ans, les professions de la santé ont
   augmenté de .... %.

5 **a• Observez ce document.**

Besançon et Chalon-sur-Saône → Dijon

Pour connaître le prix de votre billet, consultez :
si vous voyagez en 1ʳᵉ classe la page 3,
si vous voyagez en 2ᵉ classe la page 62.

N° du TGV		770	594 (5)	594 (5)	750	772	754	774
Correspondances autocars					🚌 B	🚌 A		
Restauration								
Besançon	D	g 5.26	5.44	7.08		5.58	a 6.42	7.00
Dole	D	a 5.50	6.07	7.33		6.23	a 7.11	7.26
Chalon-sur-Saône	D	a 5.36	a 5.36	a 7.15	6.09	c 5.36	7.15	a 6.52
Beaune	D	a 5.57	a 5.57	a 5.57		6.27	c 5.57	7.33	a 7.09
Dijon	D	6.28	6.35	8.01	6.55	6.55	7.57	7.57
Montbard	D		7.11	8.37	7.29	7.29		
Marne la Vallée Chessy ❤	A		8.11	9.37				
Aéroport Ch. de Gaulle TGV	A		8.23	9.51				
Paris - Gare de Lyon	A	8.08			8.40	8.40	9.39	9.39
Lundi		3	1		4	4		3
Mardi à Jeudi		1	1		2	2		1
Vendredi		1	1		1	1		1
Samedi				1		1	1	
Dimanche				1		1	1	

OCTOBRE	Jeudi 31	1	1		1	1		1
NOVEMBRE	Vendredi 1ᵉʳ		1		1	1		
	Dimanche 10			1		1	1	
	Lundi 11			1		1	1	
	Mardi 12	3	1		4	4		4
DECEMBRE	Mercredi 25			1		1	1	
JANVIER	Mercredi 1ᵉʳ			1		1	1	
MARS	Dimanche 30			1		1	1	
	Lundi 31			1		1	1	
AVRIL	Mardi 1ᵉʳ	3	1		4	4		4
	Mercredi 30	1	1		1	1		1
MAI	Jeudi 1ᵉʳ		1		1	1		1
	Vendredi 2 et 9	1	1		1	1		1
	Mercredi 7	1	1		1	1		1
	Jeudi 8			1		1	1	
	Dimanche 18			1		1	1	
	Lundi 19			1		1	1	
	Mardi 20	3	1		4	4		4

D	Départ	**A** Arrivée
❤	Gare permettant également l'accès au parc Disneyland® Paris.	
EC	TGV Eurocity.	
(1) 4	le vendredi 28 mars.	
(2) 4	le samedi du 21 décembre au 12 avril.	
(3) 1	le samedi du 21 décembre au 12 avril sauf les 28 décembre, 4 janvier, 8, 15 et 22 février.	
3	le mercredi 19 février.	
(4)	Ce TGV circule le jeudi 27 mars 1 et ne circule pas le vendredi 28 mars.	
(5)	Desserte réalisée en partenariat avec la région de Bourgogne.	
(6)	Ce TGV est origine Dijon les 5 et 19 février.	
🚌	Service d'autocars entre le Sud de l'Yonne et Montbard.	
	A : les autocars desservent Avallon, Saulieu et Chatillon-sur-Seine.	
	B : les autocars desservent Clamecy, Vézelay, Avallon, Saulieu et Chatillon-sur-Seine, les lundis.	
a	Correspondance à Dijon.	
b	Correspondance à Dijon tous les jours sauf les samedis, dimanches et fêtes.	
c	Correspondance à Dijon tous les jours sauf les dimanches et fêtes.	
d	Correspondance à Dijon (Chalon-sur-Saône : 13.37, Beaune : 13.59, les dimanches et fêtes).	
e	Correspondance à Dijon (les dimanches : Beaune 18.27).	
f	Correspondance à Dijon les dimanches et fêtes.	
g	Correspondance à Dijon sauf les lundis.	

b ● Répondez :

1. Ce sont des horaires d'autocars. ☐
des horaires de trains. ☐
des prix d'objets. ☐

2. On présente les horaires de quels trains ?
....

3. La ville de départ est ....

La ville d'arrivée est ....

4. Ce document comprend **un tableau** et, en dessous du tableau, **des explications**.
Le tableau comprend
5 parties ☐   4 parties ☐   6 parties ☐.
La 1re partie :   *Prix*
La 2e   ....
La 3e   ....
La 4e   ....

5. Combien de types de prix est-ce qu'il y a ?
1 ☐   3 ☐   4 ☐

6. Les TGV ont un nom.   ☐
un numéro. ☐

7. Dans la partie « Horaires », cherchez les symboles et les explications correspondantes.

8. Quels TGV ont une correspondance par autocar ?
Le TGV ....

9. À quelle gare est-ce qu'il faut descendre pour aller à Eurodisneyland ?
....

10. Pour visiter la cathédrale de Vézelay, quel autocar prend-on ?
....

❻ Vous êtes à Besançon le dimanche 28 septembre. Vous devez être à Dijon entre 8 h et 8 h 30 du matin.

1. Quel TGV vous prenez : ....

2. Quel prix vous payez : 1, 2, 3, 4 ....

	oui	non
3. Le « a », devant l'heure de départ concerne votre train.	.....	.....
4. Votre train effectue trois arrêts.	.....	.....
5. Un autre voyageur doit continuer jusqu'à Montbard, il a une correspondance.	.....	.....

6. Deux TGV n'arrivent pas à Paris : ....

7. Toutes les correspondances s'effectuent à Dijon : ....

❼ Les chiffres 1 à 4 indiquent les tarifs (1, le moins cher).

Vous devez partir de Dijon pour aller à Paris le mardi matin 20 août. Quels horaires est-ce que vous pouvez choisir pour avoir des billets bon marché ?

❽ Rédigez les notes de Didier d'après les suggestions suivantes.

Didier habite à Dole. Une amie de sa mère, assez âgée, a un rendez-vous médical à Paris, le lundi 17 juin, à 8 h. Didier lui donne les informations nécessaires pour son voyage en train.

Dole-Paris en TGV

TGV n° ....

Départ de Dole : .... h

Correspondance à .... à .... h

Arrivée à Paris : ....

Prix : ....

AU TRAVAIL !

 Vocabulaire et orthographe

❶ Lisez ces mots et cherchez le vocabulaire du travail. Ajoutez l'article le ou la, selon le cas.

Métier, soleil, rendez-vous, emploi, prix, salaire, arrivée, profession, voiture, contrat, téléphone, transport, peinture, chômage, employé, salarié, retard.

le métier ....

....

....

....

....

....

❷ Qu'est-ce qu'on dit ?

Changer le métier ☐

Changer de métier ☐

Passer son bac (ou un examen) ☐

Faire son bac ☐

Manquer un / son rendez-vous ☐

Perdre un / son rendez-vous ☐

Poser le / un CV ☐

Déposer le / un CV ☐

❸ Complétez ces phrases à l'aide des réponses correctes de l'exercice précédent.

1. On .... à cause du chômage.

2. Les lycéens de Terminale .... au mois de juin.

3. Le candidat est arrivé en retard et ....

4. Il faut .... avant le 30 juillet.

❹ Faites votre CV sur le modèle suivant.

Hélène Martin
3, rue de Lourdes
64000 PAU
Tél. 05 59 15 22 06

Née le 3 mai 1967 à Pau
Célibataire
Nationalité française

Études

1990-1991 : Stage chez John Smith, Londres.
1985-1980 : Beaux-Arts, Architecture.
1985   : Baccalauréat.

Expérience professionnelle

1993-1996 : Cabinet d'architecture Mistral-Lajeunesse, Aix-en-Provence.
1991-1993 : Bureau d'architectes Bonelli-Capriccio, Rome, Italie.

Divers

Langues : italien, anglais.
Activités : gymnastique, piano.

❺ Lisez ces mots à haute voix et rangez-les sous le son correspondant :
[ɔ] comme pomme, **[o] comme** cause.

Les signes	Le son [ɔ]	Le son [o]
Portugal	.....	.....
aussi	.....	.....
sorti	.....	.....
économique	.....	.....
restaurant	.....	.....
beau	.....	.....

Grammaire

❻ Complétez ces comparaisons d'après les suggestions.

Le premier curriculum vitae est (+ intéressant / le troisième).
→ *Le premier curriculum vitae est plus intéressant que le troisième.*

1. Sa nouvelle maison est (= grand / la maison des voisins).

....

2. Sylvie est (= joli / Frédérique). ....

3. Ce ciel est (= bleu / la mer). ....

4. Les élèves sont (+ content / leurs professeurs) de partir en excursion.

....

5. Nos parents sont (– seul / leurs amis). ....

6. Votre nouvelle voiture est (+ rapide / la Peugeot 205), je crois.

....

7 **a●** **Trouvez les phrases qui vont ensemble et reliez-les.**

1. *Vous n'allez pas à la plage, aujourd'hui.*
2. Mario est rentré à neuf heures du soir.
3. Geneviève n'est pas bien, ce matin.
4. Il a eu une réunion.
5. Elle a mal à la tête.
6. *Il y a beaucoup de vent.*
7. Vous ne mangez pas.
8. Nous n'avons pas faim.

b● **Pour les rendre plus claires, ajoutez** pourquoi **et** parce que **comme dans l'exemple.**

1. *Pourquoi est-ce que vous n'allez pas à la plage, aujourd'hui ?*
Parce qu'il y a beaucoup de vent.

2. ....

....

3. ....

....

4. ....

....

c● **Transformez, quand c'est possible, les réponses à l'aide de** à cause de.

1. *À cause du vent.*

2. ....

3. ....

4. ....

8 **Trouvez la réponse ou la question, selon le cas.**

– Pourquoi est-ce qu'on écrit une veste marron ?
– Parce que marron est invariable.

1. – Pourquoi est-ce qu'on dit A.N.P.E. ?

– .... c'est le sigle ....

2. – ....

– Parce que c'est l'abréviation de curriculum vitae.

3. – .... [e] ?

– Parce qu'il y a un accent aigu sur le « e » de nationalité.

❾ Complétez à l'aide des expressions de temps correctes :

Le dimanche matin, le soir, cette semaine, le mardi, cette nuit.

1. ...., Lucien rentre tard, toujours après vingt heures.

2. ...., il a fait −10° !

3. ...., il a plu tous les jours.

4. ...., moi, je fais du jogging, ma femme du vélo.

5. ...., il y a un beau film à épisodes, à la télévision, à 20 h 45.

❿ Relisez les phrases de l'exercice précédent et répondez :   oui   non

1. Les expressions de temps qui indiquent une habitude sont   ....
cette semaine..., cette nuit...

2. Dans l'exercice 9, quand on indique un moment, ...
on utilise le passé composé.

3. Les expressions de temps qui indiquent une habitude sont   ....
le dimanche matin..., le soir..., le mardi...

⓫ Complétez à l'aide des mots suivants : le lundi, l'après-midi, mercredi soir, l'année dernière. **Conjuguez les verbes aux temps corrects.**

1. ...., beaucoup de boutiques (être) .... fermées.

2. ...., les enfants (sortir) .... de l'école à quatre heures et demie.

3. ...., je (rencontrer) .... Alain devant le cinéma.

4. ...., il (faire) .... mauvais et froid.

⓬ À partir de la grille suivante, formez au moins six phrases.

Alexandre	partir	à	le Maroc	en été
Nous	aller	pour	les Antilles	cet hiver
				le mois dernier
M. et Mme Martin	être	en	la Suède	pendant un mois

Alexandre va au Maroc en été.
Cet hiver, nous avons été aux Antilles.

....
....
....
....
....

⓭ a• Lisez cette conversation entre Michel et Justin et mettez les répliques dans l'ordre.

JUSTIN : Non, il attend. Les réponses sont toujours négatives. C'est très difficile !

MICHEL : Et qu'est-ce qu'il fait ton frère ?

MICHEL : Alors, il ne travaille pas ?

JUSTIN : Pour l'instant, André envoie des CV à droite et à gauche, mais...

MICHEL : Écoute, mon père cherche un informaticien pour son entreprise. Dis à André de l'appeler.

b• Répondez :

1. Qui parle à qui ?   père / fils   ☐
                            ami / ami   ☐
                            professeur / élève   ☐

2. De qui ?   d'un informaticien   ☐
                    du père de Michel   ☐
                    du frère de Justin, André   ☐

⓮ André a pris rendez-vous avec M. Castain, le père de Michel. Imaginez la conversation à partir des suggestions.

M. CASTAIN : Mon fils m'a très bien parlé de vous, André. Alors, vous avez déjà travaillé dans une entreprise ?

ANDRÉ : (réponse négative) ....

M. CASTAIN : Vous avez fait des stages ?

ANDRÉ : (2 stages, durée : 6 et 4 mois, Service ventes de Renault et grand magasin)

....

M. CASTAIN : (propose un stage en entreprise, 2 mois, 5 000 F, puis un poste à 9 000 / 12 000 F)

....

ANDRÉ : (remercie / exprime sa joie) ....

⑮ À la maison, André raconte à son frère, Justin, l'entretien avec M. Castain.

ANDRÉ : *C'est fait ! J'ai un travail ! Tu comprends ? J'ai trouvé du travail !*

....

Textes

POUR
ALLER
PLUS
LOIN

⑯ a• Lisez ces annonces.

Emplois administratifs

SONOFRANCE

cherche

EMPLOYÉE

de bureau

pour son magasin

à Saint-Denis

1 an expérience

Tél. pour R.-V. 01 48 27 32 19

▷1

Personnel hôtel et restaurant

GROUPE BIERSTUB

cherche

JEUNE CUISINIER

avec CAP

pour son restaurant

de La Défense

Tél. 01 47 73 35 88

M. Leroux, resp. personnel

▷2

Comptables

PME d'Aubervilliers

cherche

COMPTABLE

bonne connaissance

informatique

3 ans d'expérience

Tél. 01 48 77 20 15

▷3

Commerce

SOCIÉTÉ

recherche

VENDEURS / VENDEUSES

rayon parfumerie

bonne présentation

Lettre + photo + CV

à : Monoï Parfums

16, bd de Sébastopol

75003 Paris

▷4

b• Reliez les mots aux abréviations et aux sigles correspondants.

Resp.   Boulevard

Tél.   Rendez-vous

R.-V.   Certificat d'Aptitude Professionnelle

CAP   Téléphone (ou téléphoner)

PME   Petite et Moyenne Entreprise

Bd   Responsable

c• Complétez le tableau.

Secteur	Emploi offert	Diplôme, qualité, expérience	Réponse
1. Emplois administratifs	....	....	Téléphone
2.	....	....	....
3.	....	....	....
4.	....	....	....

d• Répondez :

1. Dans quelle annonce est-ce qu'on demande au candidat d'envoyer sa photo ? ....

2. Quel(s) mot(s) de l'annonce indiquent l'importance de l'aspect physique ?

1 an ☐   expérience ☐   bonne présentation ☐   Monoï Parfums ☐

3. Mettez les informations des annonces dans l'ordre (1, 2, 3, 4, 5, 6) :

... Qualités / diplômes / expérience demandée   ... Verbe (cherche / recherche)

... Nom de la société   ... Nom de la profession

... Le secteur   ... Comment on répond à une
                                                         annonce.

17 **Lisez et complétez ces annonces.**

Commerce, Personnel hôtel et restaurant, Technicien service après-vente, Serveuse, Tél., BTS.

1.

....

BAR CLUB
de Montmorency
recherche

....

bonne présentation

.... 01 39 57 20 14

2.

....

**GRANDE LIBRAIRIE,
DISQUES, HI-FI**

cherche

....

....

5 ans d'expérience
Tél. : 01 48 28 96 71
Mme Piaget, resp. personnel

---

18 **L'entreprise où vous travaillez cherche du personnel en France. Rédigez les annonces à partir des suggestions.**

1. 2 traducteurs / traductrices français → ... (votre langue), 2 ans d'expérience.

2. 1 responsable des ventes en France, bonne présentation, connaissance → ... (= votre langue) et anglais.

J'ai du pain sur la planche.

EN FAMILLE

 Vocabulaire et orthographe

❶ Choisissez la bonne expression : faire la vaisselle, faire les courses, faire le ménage.

....

❷ Jouez avec les mots !

Horizontalement
1. Va toujours avec le nom.
2. Mois de l'année.
3. Note de musique.

Verticalement
b. Initiales de Roland Juvin.
c. Premières lettres d'« Europe ».
d. 3ᵉ personne du singulier du verbe « nier » au présent.
e. Pronom personnel.

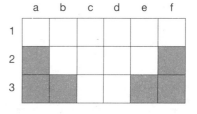

❸ Lisez ces mots à haute voix. Recopiez les mots avec le son [œ] comme seul.

seul, leur, hier, docteur, sel, sœur, jeune, neuf

Seul, ...

❹ Recopiez les mots contenant le son [ø] comme deux.

deux, beau, monsieur, professeur, nouveau, jeudi, sœur, bleu, seul

Deux, ...

Grammaire

5 **a●** **Lisez ces phrases et soulignez les pronoms compléments directs.**

Madeleine la déteste.

1. Pierre la regarde dans les yeux.
2. Les enfants le préfèrent à la viande.
3. Nous l'avons pratiqué en Inde.
4. On les a rencontrés devant la gare.
5. Vous les avez achetées ? Elles sont magnifiques !

b● **Remplacez les pronoms soulignés par le nom correspondant :**

cette jeune fille, ces chaussures, la télévision, Jacques et Laurent, le polo, le jambon

Madeleine déteste la télévision.

1. ....
2. ....
3. ....
4. ....
5. ....

c● **Mettez les phrases de l'exercice 5 a à la forme négative.**

Madeleine ne la déteste pas.

1. ....
2. ....
3. ....
4. ....
5. ....

6 **Supprimez les répétitions.**

Loïc est arrivé. J'ai vu Loïc dans la rue.
→ Loïc est arrivé. Je l'ai vu dans la rue.

1. Vous cherchez le docteur ? J'appelle le docteur tout de suite.

   ....

2. Ton pull ? J'ai mis ton pull dans ta chambre.

   ....

3. La viande est au frigo. Tu sors la viande, s'il te plaît ?

....

4. Son voyage au Yémen a été très intéressant. Il a organisé son voyage tout seul.

....

5. Jean-Paul a préparé son CV. Il a envoyé son CV à trois entreprises.

....

6. Les enfants sont à l'école. Tu accompagnes les enfants à la piscine, cet après-midi ?

....

❼ Lisez et complétez les phrases à l'aide des pronoms personnels corrects.

Vous êtes libres demain soir ? Je .... invite à la maison. ➜ *Je vous invite à la maison.*

1. Francis et moi, nous sommes allés chez Victor. Il ..... a montré son nouvel appartement.

2. Tu aimes ce chemisier ? Tu ..... veux ?

3. Cinq minutes et j'arrive. Tu ..... attends ?

4. Mon grand-père achète deux journaux tous les matins. Il ..... lit pendant la journée.

5. Aujourd'hui, j'ai rendez-vous avec Thérèse. Je ..... trouve fatiguée en ce moment.

6. Ce soir, il y a un beau film à la télé. Tu ..... regardes avec moi ?

❽ Faites des comparaisons d'après les suggestions.

Michel a fait (+ voyages / Sacha). ➜ *Michel a fait plus de voyages que Sacha.*

1. Mon frère a (– amis / Serge).

....

2. Le docteur Firmin a (= patients / son collègue).

....

3. Cette boutique vend (+ produits diététiques / l'autre).

....

4. Aujourd'hui, il y a (– nuages / hier).

....

5. Cet hiver, nous avons consommé (+ électricité / année dernière).

....

6. À Noël, les écoliers ont (= jours de vacances / les collégiens).

....

9 **Formez au moins huit phrases à partir de la grille suivante.**

M. et Mme Lancel Nous Ludovic	changer jouer faire	(de) (à)	(le / la)	maison (f) flûte (f) ménage (m) rôle de Tartuffe (m)

M. et Mme Lancel jouent de la flûte.
Nous changeons de maison.

....

10 **Remplacez les noms soulignés comme dans l'exemple.**

En ce moment, Dominique a beaucoup d'argent.
→ *En ce moment, Dominique en a beaucoup.*

1. C'est vrai ? Tu as beaucoup d'amis ? ....

2. Christian boit toujours autant de lait qu'avant. ....

3. En seconde, on fait moins d'anglais. ....

4. Mon père a beaucoup de travail. ....

5. Au cinéma Rex, en été, on donne moins de films. ....

6. Il faut autant de farine pour cette recette que pour les crêpes. ....

....

11 **À partir des dessins, conjuguez les verbes et formez des phrases.**

sonner .... faire .... attendre ....

.... cuisiner, préparer le ....

 *Conversations*

⑫ Complétez cette conversation. Deux jeunes filles parlent de leur vie en famille.

CLAIRE : ....

....

PASCALE : Oui, j'aide ma mère à la maison. Je fais un peu le ménage, la vaisselle le soir...

CLAIRE : Moi, je n'aime pas travailler à la maison, mais j'aime bien cuisiner.

PASCALE : ....

....

CLAIRE : De la viande, des légumes et aussi de très bons gâteaux.

PASCALE : ....

....

CLAIRE : Oui, mes parents sont ouverts. Je parle assez souvent de mes problèmes, à ma mère surtout.

⑬ À partir de l'emploi du temps de Sébastien, un lycéen de 17 ans de Tourcoing, imaginez sa conversation avec Christelle, une jeune fille rencontrée chez des amis.

Pendant la semaine

7 h 40	Il prend le train pour Lille.
8 h 30 / 16 h 30	Il est au lycée.
12 h 30	Il déjeune à la cantine du lycée.
17 h 15	Il prend le train pour Tourcoing.
18 h / 19 h 15	Il fait ses devoirs.
19 h 15	Il dîne avec ses parents et son petit frère, Thierry.
20 h	Il regarde les informations à la télévision.
20 h 30 / 22 h 30	Il continue son travail pour l'école.

Le samedi et le dimanche : Cinéma, amis, football et... travail pour le lundi !

SÉBASTIEN : *Mon lycée n'est pas à Tourcoing, il est à Lille. Je vais à l'école en train.*

CHRISTELLE : ....

⑭ Imaginez une conversation entre vous et un(e) ami(e) français(e), sur les mêmes sujets que les exercices 12 et 13 (rapports avec les parents, vie en famille, emploi du temps).

 *Textes*

⑮ Regardez cette photo. Reliez les femmes de cette photo à la présentation correspondante.

Ces trois femmes habitent toutes en Aquitaine (dans le sud-ouest de la France) : être institutrice et éduquer des enfants est leur rêve, de génération en génération.

Lucie, 66 ans

Mon travail

Je n'ai pas pu être institutrice parce que je me suis mariée jeune. Alors, j'ai eu l'idée d'enseigner le catéchisme aux enfants, chez moi. Tous les enfants du quartier ont étudié la religion avec moi, à la maison !

Mon mariage

Mon mari a toujours travaillé dehors, il est producteur de fruits. Moi, j'ai pensé aux enfants et à leur éducation.

Ma famille et moi

Je suis la grand-mère : il y a deux générations après moi, toutes des femmes. Nous avons de bonnes relations. Quand l'une de nous est loin, le téléphone sonne du matin au soir.

a● Repérez la phrase où Lucie parle de son rêve, être institutrice, et répondez :

1. Qu'est-ce a qu'elle a fait alors ?
   Elle a enseigné le .... (= la religion).

2. À qui ? ....

3. Où ? ....

4. Qui a pensé à l'éducation des enfants, elle ou son mari ?
   ....

5. Lucie, sa fille et sa petite-fille ont des rapports difficiles ?
   ....

Mathilde, 15 ans

Mon travail

J'ai fini le collège et maintenant je suis au lycée, en seconde ; cet été, j'ai travaillé comme baby-sitter chez une de mes tantes.

Ma famille et moi

J'aime la liberté et l'indépendance ; j'aime aussi ma famille : j'ai de bons rapports avec mes parents, mes tantes et ma grand-mère.

b● Répondez :

1. Mathilde est en ....

2. Elle a travaillé comme ....

3. Elle aime ....

c● **Complétez la présentation de Françoise d'après les suggestions :**

Françoise, 43 ans

– Faire des études.
– Épouser un éducateur.
– Travailler avec son mari dans un centre pour jeunes.

– Mari, fils d'officier.
– Après son mariage, changer de ville et venir à Paris.
– Commencer à travailler après le mariage.

– Être l'aînée de trois sœurs.
– Aimer les réunions de famille.
– Faire les réunions toujours à Paris, chez elle.

Mon travail

....

....

....

Mon mariage

....

....

....

Ma famille et moi

....

....

....

16 **Choisissez deux femmes de votre famille. Écrivez un texte comme les précédents.**

....

....

....

....

....

....

Elles se ressemblent comme deux gouttes d'eau.

AUTOUR D'UN VERRE

Vocabulaire et orthographe

❶ Ajoutez les lettres nécessaires pour former les mots.

1. Quand on veut voir un film, on va au ⬚C⬚⬚⬚⬚A⬚ .
2. Quand on parle avec quelqu'un, on fait de la ⬚C⬚O⬚⬚⬚⬚⬚⬚⬚T⬚I⬚O⬚N⬚ .
3. Si on vous demande pourquoi, vous donnez une ⬚E⬚X⬚⬚⬚⬚⬚⬚⬚O⬚N⬚ .
4. Quand on veut parler avec quelqu'un, on téléphone à un ⬚C⬚⬚⬚⬚I⬚N⬚ .
5. Pour boire un café ou manger un sandwich, on va au ⬚⬚⬚T⬚⬚O⬚T⬚ .
6. Un adolescent qui va au lycée, c'est un ⬚⬚⬚⬚⬚N⬚ .

❷ Trouvez un mot de la même famille que les verbes suivants. Vous pouvez utiliser le dictionnaire.

discuter →	*la discussion*	diminuer	....
écrire	....	habiller	....
organiser	....	préparer	....
réveiller	....	circuler	....

❸ a● Lisez ces phrases à haute voix et soulignez en bleu le son [ɛ̃] comme fin**, et en rouge le son [ɑ̃] comme** cantine **et** argent**.**

– Mon école de danse est une des meilleures.
– Comment s'appelle ton ami allemand ?
– Dimanche, notre équipe joue à Marseille.

– Didier veut être ingénieur.
– Il fait bon ! Le printemps arrive !
– Est-ce que tes voisins sont gentils ?

b● Classez les sons sous la colonne correspondante.

Les signes	Le son [ɛ̃]	Le son [ɑ̃]
ingénieur	✗	.....
danse	.....	✗
....	.....	.....
....	.....	.....
....	.....	.....
....	.....	.....

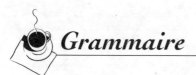

Grammaire

4 **Complétez avec** quelque chose / tout / ne rien **+ verbe, si nécessaire.**

1. – Est-ce que vous voulez ...., madame ?

   – Oui, ces champignons sont magnifiques ! Je prends ....

2. – Robert est rentré tard hier soir.

   – Est-ce qu'il a dit .... ?

   – Non, il ....

3. – Entrez madame, il fait chaud aujourd'hui. Est-ce que vous prenez .... ?

   – Non, merci, je ....

4. – Pour la fête de ce soir, Angela et Charles ont .... organisé.

   – Mais est-ce qu'il faut encore acheter .... ?

   – Oui, des boissons.

5 **Dites le contraire. Utilisez** tout le monde / quelqu'un / personne.

Je ne vois personne dans le jardin. → *Je vois quelqu'un dans le jardin.*

1. Tout le monde est rentré de vacances.

   ....

2. Quelqu'un a parlé ? (Tout le monde... / Personne...)

   ....

3. Marion n'a invité personne pour son anniversaire.

   ....

4. Tout le monde gagne de l'argent, dans cette maison.

   ....

5. Personne n'a laissé de messages pour nous.

   ....

6 **Donnez les réponses. Utilisez** lui **ou** leur.

Est-ce que notre nouvel appartement plaît <u>à ta mère</u> ? → *Oui, il <u>lui</u> plaît.*

1. Est-ce que vous avez dit <u>à Laurent</u> de venir à la maison ce soir ?

   – Oui, ...

2. Est-ce que le professeur de français a expliqué <u>à ses élèves</u> le pluriel des noms ?

   – Oui, ...

3. Tu as parlé <u>à la directrice</u> ?

– Non, ...

4. J'écris <u>à mes parents</u> toutes les semaines, et toi ?

– (tous les mois) ....

5. Est-ce que le nouveau film de Lelouch a plu <u>à Guillaume</u> ?

– Non, ...

6. Dis <u>aux enfants</u> de rentrer tôt !

– Oui, d'accord ....

7. Tu peux expliquer <u>à ton fils</u> ce problème de maths ?

– Oui, (expliquer / tout) ....

❼ Mettez les verbes de cette conversation au futur proche comme dans l'exemple.

– *J'ai organisé une belle soirée, tu sais ?* → – *Je vais organiser une belle soirée, tu sais ?*

– Tu as invité tout le monde ?

....

– Oui, presque, j'ai écrit un mot à Marc, Julie, Éric, Magali et aux autres.

....

– Et tout le monde a dit oui ?

....

– Eh bien, je pense que plus de la moitié a accepté.

....

– Et moi, tu m'as invité ?

....

❽ Propos d'enfants, tous au superlatif !

PETIT PIERRE : Mon papa est (beau / monde)
→ *Mon papa est le plus beau papa du monde !*

PETIT LOUIS : Et mon papa est (génial / tous les papas)

→ ....

PETIT PIERRE : Et ma maman est (gentille / ville)

→ ....

PETIT LOUIS : Et ma maman est (sportive / toutes les mamans)

→ ....

PETIT PIERRE : Et notre voiture est (rapide / voitures)

→ ....

PETIT LOUIS : Et mon vélo est (magnifique / tous les vélos)

→ ....

PETIT PIERRE : Et toi, tu es (horrible / tous les enfants du monde)

→ ....

PETIT LOUIS : Maman, maman ! Pierre me dit des gros mots !

9 Ajoutez la préposition et remplacez les noms par les pronoms toniques.

Albert parle toujours ... (sa copine). → *Albert parle toujours d'elle.*

1. Nous habitons encore .... (nos parents).

2. Je passe mes journées avec mes amis. Je reste .... du matin au soir.

3. Nous venons avec Alice ? – Non, venez ...., elle est ennuyeuse !

4. Ce pull est pour ton frère ou .... (tu).

5. Les voisins m'ont parlé .... (leurs enfants).

 *Conversations*

PAROLES
EN
LIBERTÉ

10 Christine a eu une mauvaise note en français. Son père lui demande des explications. Complétez le dialogue à partir des suggestions suivantes :

Exercices très difficiles, avoir peu de temps, le professeur ne pas expliquer les règles.

LE PÈRE : Alors, pourquoi tu as eu cette mauvaise note ?

CHRISTINE : ....

LE PÈRE : Oui d'accord, mais je ne comprends pas.

CHRISTINE : Tu sais, ...

LE PÈRE : Et pourquoi tu n'as pas demandé des explications à ton professeur ?

CHRISTINE : ....

⓫ Hier soir, Jean est rentré tard à la maison. Sa mère lui demande pourquoi. Complétez.

....

....

⓬ À midi, M. Le Cornec ne mange pas à la cantine : le menu ne lui plaît pas, il y a trop de monde, les serveurs ne sont pas sympas. Il en parle à un nouveau collègue. Imaginez la conversation.

LE COLLÈGUE : Alors, vous ne mangez pas à la cantine ?

M. LE CORNEC : ....

 *Textes*

POUR ALLER PLUS LOIN

La solitude est l'un des problèmes de notre société. Pour être moins seul, on va au bistrot, au cinéma ou on cherche l'homme ou la femme de sa vie. Comment ? On fait publier des annonces dans des journaux et on attend...

⓭ a● Lisez et reliez ces annonces aux descriptions.

Un cœur à prendre

Jeune femme, intelligente, belle et libre, licence d'anglais, sans travail, préférences : campagne et vie de couple, veut rencontrer homme aux mêmes goûts.

J.H. 25 ans, seul, grand, blond, sympathique, excellent emploi, goûts : tous les sports et musique cl., cherche femme de sa vie.

Ingénieur, 38 ans, physique agréable, sympathique, grand, brun, goûts : tennis et cinéma, cherche J.F. pour mariage.

55 ans mais jeune, sportif, intéressant, divorcé, souhaite rencontrer femme, 45 ans maximum, pour projets de vie à deux.

1. C'est un jeune homme de 25 ans. Il est grand, blond, sympathique. Il a un excellent emploi. Il aime tous les sports, la musique classique. Il vit seul et cherche la femme de sa vie.

2. C'est une jeune femme intelligente et libre. Elle est belle. Elle a une licence d'anglais, mais elle n'a pas de travail. Elle aime la campagne et la vie de couple. Elle voudrait rencontrer un homme avec les mêmes goûts.

3. C'est un homme de 55 ans, mais « jeune », sportif et intéressant. Il est divorcé et souhaite rencontrer une femme de 45 ans maximum pour des projets de vie à deux.

4. C'est un ingénieur, bel homme. Il est sympathique, grand et brun. Il aime le tennis et le cinéma. Il cherche une jeune femme pour se marier avec elle.

b● Répondez.

1. Qui a écrit les annonces ?   **un homme**   **une femme**

Annonce 1   ....

Annonce 2   ....

Annonce 3   ....

Annonce 4   ....

2. L'abréviation J. H. signifie ....

3. Quel est le texte le plus court : l'annonce ou la présentation ? ....

4. Quelle est la première information des annonces ?   les goûts ☐
                                                          le sexe ☐
                                                          l'âge   ☐

5. Quels adjectifs / participes passés indiquent que ces personnes vivent seules ?

....

6. Quels mots décrivent le physique de ces personnes ?

Adjectif	Adjectif + nom
belle	*physique agréable*
....	....
....	....
....	....
....	....
....	....

7. Quels verbes on utilise ?

(veut) rencontrer ....

8. Quelles sont les raisons de ces annonces ? Repérez dans ces annonces les expressions
correspondant à :

vivre ensemble = *homme / femme de sa vie, ...*

se marier = ...

⑭ Lisez et complétez.

1. 34 ans, blonde, mince, divorcée, ... la natation et les randonnées, ...

homme, 45 .... maximum, ... de vie à deux.

2. J. H., sportif, bel .... , emploi intéressant, ...: vie de couple et

maison tranquille,.................... ...., 25 ans maximum, ... mariage.

3. Avocat, 48 ans, brun, sympathique et seul, physique ...., ...: vélo

et voyages,.. vie.

⓯ Lisez ces présentations et écrivez les annonces.

1. C'est une femme de 42 ans. Elle est jolie, mince et gentille. Elle est informaticienne et aime le théâtre. Elle vit seule et voudrait rencontrer un homme de 50 ans pour des projets de vie à deux.

....

....

2. C'est un homme de 33 ans, libre et élégant. Il est blond et il a des yeux bleus. Il travaille dans un bureau. Il aime la mer et le soleil. Il cherche une jeune femme pour passer les vacances avec elle.

....

....

3. C'est une infirmière de 39 ans. Elle est rousse, dynamique et calme. Elle a beaucoup de charme. Elle est divorcée et elle cherche l'homme de sa vie.

....

....

Il a eu le coup de foudre pour elle.

EMBOUTEILLAGES

 Vocabulaire et orthographe

BOÎTE
À
OUTILS

❶ Cochez le bon mot !

1. Quand il y a beaucoup de voitures dans la rue, il y a des embouteillages. ☐
des transports. ☐
des piétons. ☐

2. Pour acheter des livres, on va dans une mairie. ☐
une librairie. ☐
une bibliothèque. ☐

3. Quand on doit garer sa voiture, on cherche un parc. ☐
une poste. ☐
un parking. ☐

4. Quand on a un problème, il y a toujours une disposition. ☐
une solution. ☐
une situation. ☐

❷ Complétez avec le bon adjectif.

Paul ne parle pas beaucoup. → *Il est silencieux.*

1. Jeanne a travaillé toute la journée. Elle est ....

2. Je ne pars pas ce mercredi, mais mercredi ....

3. Alexandra devient toute rouge quand un garçon lui parle. Elle est ....

4. Dans ce riz il y a trop de sel. Il est ....

5. Hervé aime Claire. Il est .... d'elle.

❸ a• Complétez ces mots avec les lettres ill et j ou g, selon le cas.

le .....udo   trava.....er   la .....upe

une ore.....e   la .....ymnastique   un emboute.....a.....e

b• **Lisez les mots qui précédent à haute voix et classez-les sous la colonne correspondante.**

Le son [j]	Le son [ʒ]
travailler	*judo*
....	....
....	....
....	....

 *Grammaire*

❹ Lisez et réécrivez ce texte au futur.

Hier, mon père est allé au travail en voiture. Il a traversé la ville, mais le matin, à huit heures, il a trouvé des embouteillages. Alors, pour arriver au bureau à l'heure, il a garé sa voiture dans un parking et il a pris le bus, comme d'habitude !

Demain, mon père ....

....

....

....

❺ Complétez. Utilisez le futur (f.) ou le futur proche (f. p.).

Ce soir, nous (avoir, f. p.) des amis à la maison. → *Ce soir, nous allons avoir...*

1. Il pleut, la circulation (être, f.) difficile en ville !

....

2. Mes parents bientôt (arriver, f. p.) ! ....

3. Ma sœur (avoir, f. p.) un enfant le mois prochain.

....

4. Mardi, nous (être, f.) le combien ? Le quatorze ou le quinze janvier ?

....

5. Le nouveau directeur (recevoir, f.) tous les employés le jeudi, de 17 heures à 18 heures.

....

6. Qu'est-ce que vous (faire, f. p.) l'année prochaine pour les vacances de Noël ?

....

7. Je (attendre, f.) son retour. ....

6 **a•** **Mettez au futur les verbes entre parenthèses.**

Je (aller) au rendez-vous. ....

Tu (ne pas venir). ....

Il (être) à côté de toi. ....

Nous (rester) amis, peut-être. ....

Vous nous (donner) des conseils, à elle et à moi. ....

Elle et lui, ils (partir) ensemble, aux Caraïbes. Et moi ? ....

b• **Continuez (encore 4 phrases).**

Et moi ? Je rencontrerai une autre femme. Elle sera belle, plus belle, très belle...

....

....

....

....

7 **Complétez avec les formes du verbe** savoir.

Aujourd'hui, je le sais.

Demain, tu le .... Hier, il l'................... . Nous ne le .... pas. Est-ce que

vous le ....? Nous, non, mais eux ils l'ont toujours .... Et vous, est-ce

que vous .... (futur) répéter tout cela à votre professeur ?

8 **Quand j'aurai 20 ans...**

Quand j'aurai 20 ans, j'irai ....
à la fac.

....

9 Mme Martin est un peu sourde. Complétez le dialogue avec ses questions.

1. J'ai vu madame Roche ce matin.
   Tu as vu qui ?

2. Nous avons écrit à Myriam.

   ....

3. J'ai une lettre pour votre mari, madame Martin.
   Une lettre ....

4. Les enfants sont chez Lucie, aujourd'hui.

   ....

5. Jacques a téléphoné.

   ....

Conversations

10 Deux amis discutent des problèmes de circulation. Mettez les phrases dans le bon ordre.

JÉRÔME
– Et ils ne polluent pas, je sais, je sais.
– Moi, je préfère la voiture pour aller travailler.
– C'est vrai, mais moi je déteste les transports en commun.

THOMAS
– Ils sont plus rapides, plus économiques et...
– Mais le métro ou le bus sont souvent plus rapides.

....

....

....

....

....

11 Madame Dupont a rendez-vous chez son médecin à 17 heures, mais son taxi n'est pas arrivé. Elle arrivera chez le Dr Faguer à 17 h 45, à pied. Imaginez la conversation.

MME DUPONT : (Salue, s'excuse) ....

DR FAGUER : Mais vous êtes fatiguée, madame Dupont !

MME DUPONT : (Donne les raisons du retard) ....

....

Dr Faguer : (Parle des embouteillages en ville / arrivé en retard lui aussi) ....

....

Mme Dupont : (Dit son opinion : limiter la circulation) ....

....

Dr Faguer : (demande d'attendre une petite heure) ....

....

Mme Dupont : Oui, je vais lire mon journal, bien tranquillement.

⑫ Un camarade de classe va venir chez vous cet après-midi. Expliquez-lui le chemin. Utilisez le futur proche.

Alors, pour venir chez moi ....

Textes

POUR
ALLER
PLUS
LOIN

⑬ Les guides ou les dépliants touristiques expliquent comment arriver dans les lieux les plus intéressants.

a● Lisez ces explications.

À gauche, après la place de la Mairie, vous arriverez au théâtre romain (50 av. J.-C.), un monument magnifique et bien conservé. Vous continuerez après sur la route principale jusqu'à un carrefour. Là, vous prendrez la première rue à droite et vous verrez tout de suite un édifice de couleur claire.

T. est une petite ville de loisirs et un centre historique. Pour y aller, vous prendrez le car de 8 heures (départ devant l'office de tourisme), il n'est pas cher et vous pourrez ainsi admirer le superbe panorama. Vous descendrez ensuite au troisième arrêt et vous traverserez la vieille ville à pied. Vous trouverez beaucoup d'objets intéressants dans les mille boutiques de ce petit centre...

Le quartier du château (XIIe s.) est un des plus beaux de la ville. Vous pourrez y arriver en voiture ou en bus. Vous n'aurez plus envie de partir. À midi, vous irez chez Olivier, le bistrot le plus sympathique du quartier, juste derrière le château. Vous pourrez manger des plats traditionnels et...

b ● Répondez.

1. Les lieux (monuments, château, ville) sont présentés avec des adjectifs. Quels sont ces adjectifs ?

....

2. Repérez les dates entre parenthèses.
... av. J.-C. (avant Jésus-Christ)   ...^{e} s. (siècle)

3. On donne des renseignements pratiques et des conseils. Quel est le temps utilisé ?

....

4. Dans le premier texte, repérez les indications de lieux.

....

5. Dans le deuxième, repérez les informations sur les transports en commun (prix, heure).

....

6. Dans le troisième, quel est le conseil ? Quels sont les renseignements pratiques ?

....

Dans ces textes, les renseignements et les conseils peuvent aussi être au présent de l'indicatif, à l'infinitif ou à l'impératif.

⑭ Lisez et mettez au futur les verbes à l'infinitif.

Le quartier est sympathique et bon marché. Visiter la chambre d'hôtel avant et demander les prix. Pour le petit déjeuner, goûter les gâteaux du pays, sucrés ou salés, selon les goûts. Prendre les autres repas chez Maurice, à 10 minutes à pied de la place centrale. Réserver l'après-midi pour la visite des deux grands musées (ouverture de 10 h à 18 h, tous les jours)...

....
....
....
....

⑮ Complétez et conjuguez les verbes au futur.

La ville est (grand / intéressant) .... Pour la voir rapidement, vous (prendre)

.... le 31 ou le 18, deux autobus très pratiques : arrêts devant la gare et

à droite du château des Chevaliers. (Arriver) .... en dix minutes au magnifique

parc du Palais royal. (Pouvoir admirer / arbre / fleur / rare) ....

(Aller) ....ensuite au petit restaurant « Le Verger de la Reine » :

là (pouvoir goûter / plat / délicieux) ....

⑯ Écrivez un texte pour votre ville : présentez-la avec des adjectifs comme beau, intéressant, magnifique, etc. Donnez des renseignements pratiques (lieux, horaires) et des conseils.

La ville de... est un centre... . Vous pourrez visiter...

....

....

....

....

....

....

Il a un petit vélo dans la tête.

Dis pourquoi...

1 **Lisez ce texte et répondez aux questions. Aidez-vous des données chiffrées.**

> **Emploi et chômage en France**
>
> Le chômage est un des problèmes de société des années 90. Aujourd'hui en France, il y a entre 3 millions et 3 millions et demi de chômeurs, surtout chez les jeunes et les personnes plus âgées. De 1969 à 1994, le nombre des jeunes travailleurs a diminué de 1,7 million ; le nombre de travailleurs de 50 ans et plus a diminué de 0,8 million.
>
> Cette baisse est surtout importante aux deux « extrêmités » : pour les moins de 20 ans et les plus de 60 ans. Aujourd'hui, la population active est en France de 25,5 millions de personnes.

1. **Années 90 :**

   Nombre de chômeurs : entre .... et .... millions.

   Ces chômeurs sont surtout : les moins de .... ans et les plus de ....

2. **Années 1969-1994 :**

   Le nombre des jeunes qui travaillent : – .... million.

   Le nombre des personnes de 50 ans et plus :

   – .... million.

3. **Aujourd'hui :**

   La population active (= les travailleurs) : .... millions.

2 **a• Lisez cet article et repérez :**

Le prénom et le nom du personnage, son âge et sa profession.

b• Lisez à nouveau et répondez :

1. Les petites filles rêvent de travailler dans les avions.
   Elles rêvent d'être .... de l'air.

2. Éric, lui, a toujours rêvé :
   – d'être pilote. ☐
   – de travailler avec les ordinateurs. ☐

3. Quel est le nom de sa société ? ....

4. CD-ROM est le sigle anglais de *compact disc read only memory*. Selon vous, c'est un disque :
   – avec des sons (musique, chanson). ☐
   – avec des textes, des sons et des images. ☐

5. Quel est le titre du dernier CD-ROM d'Éric ?

   ....

6. Quel est le nombre de « Le Louvre, peintures et palais » vendus ? ....

c• Complétez cette fiche d'Éric.

Diplôme : ....

1er emploi : ....

2e emploi : ....

3e emploi : ....

> **L'homme et l'ordinateur**
>
> « C'est comme les petites filles qui rêvent d'être hôtesses de l'air : j'ai toujours voulu faire ça ! ». Éric Leguay, trente-deux ans, est directeur commercial et réalisateur multimédia chez Index Plus, une société parisienne fondée en 1922, spécialisée dans la fabrication de CD-ROM.
>
> Le dernier CD-ROM, vendu à 70 000 exemplaires, « Le Louvre, peintures et palais » a eu un très grand succès.
>
> « C'est à Noël 1985 que j'ai eu mon premier Macintosh ! » dit Éric. Après une maîtrise en économie à l'université de Nanterre, il travaille comme revendeur d'ordinateurs Macintosh à Auxerre, puis comme dessinateur sur ordinateur, chez la société Var Apple.
>
> Maintenant, chez Index Plus, Éric Lagay veut réaliser des CD-ROM dans le domaine des arts et de la culture.
>
> (D'après « L'homme qui rêvait d'ordinateurs », *Le Monde*, 30-9-1995)

3 Lisez le texte, puis répondez aux questions.

1. De qui parlent ces adolescents ? ....

2. Combien d'adolescents expriment leur avis ?
   Repérez leurs noms. ....

3. Pour Jean-François,
   les parents sont les copains de leurs enfants. ☐
   entre les parents et les amis, une différence doit exister. ☐
   les parents et les enfants ont des rôles différents. ☐

4. Pour Amélie,
   les parents pensent que leurs enfants sont toujours petits. ☐
   les parents comprennent leurs enfants. ☐
   entre copains, les jeunes parlent plus de leurs problèmes. ☐

5. D'après Léo, pourquoi est-ce que les parents changent ?

6. La seule chose stable des parents est :
   le mariage ☐   le travail ☐   la musique ☐

7. Pour les Français, la famille et le mariage sont :
   importants ☐   négatifs ☐   fatigants ☐

8. Aujourd'hui, moins de Français pensent que :
   il faut divorcer souvent.   ☐
   le mariage est indissoluble. ☐
   il ne faut pas se marier.   ☐

9. Quel est votre avis sur ce sujet ?

Les adolescents parlent...

Selon Jean-François, 17 ans, « entre générations, ce n'est pas toujours facile. Les parents et les enfants ont des rôles différents : ils ne peuvent pas « jouer » à être les amis de leurs enfants ».

« On aime bien parler avec nos parents, dit Amélie, mais ce n'est pas comme avec les copains. Entre nous, on a moins de difficultés, on parle de tout. Pour les parents, les enfants sont toujours petits... Moi, j'ai dix-huit ans, je ne suis pas une petite fille ! »

« Les parents aujourd'hui ne sont pas stables, déclare Léo, 30 % des parents de ma classe sont séparés ou divorcés. La seule chose stable de nos parents, c'est leur musique, comme les Rolling Stones, toujours aussi géniaux ! Nos groupes de chanteurs, c'est vrai, durent une ou deux saisons, au maximum. »

Mais pour les Français, la famille et le mariage représentent la stabilité. La différence c'est qu'en 1978, 29 % pensent qu'on ne doit se marier qu'une fois dans sa vie ; aujourd'hui, 20 % seulement trouvent que le mariage « est un rapport indissoluble ».

Stable : durable, qui ne change pas.
Indissoluble : ne peut pas être défait (faire / défaire), doit rester le même.

---

4 Quelle est l'opinion des élèves de votre classe ? Faites un sondage et notez les réponses.

5 Lisez et écrivez les bonnes informations sous les dessins.

Un mariage ? Non, merci...

En France, un homme divorcé sur deux se remarie avec une femme célibataire. Les hommes épousent plus souvent une femme plus jeune qu'eux. Mais les divorcés, hommes ou femmes, se remarient moins qu'avant : ils n'aiment pas vivre seuls, mais ils cherchent souvent une relation plus libre que le mariage.

Une femme divorcée sur quatre vit en couple. Souvent, les femmes divorcées vivent avec leurs enfants : on appelle ces familles des familles « monoparentales » (= 1 seul parent, la mère en général). Aujourd'hui, en France, 40 % des femmes divorcées vivent en famille monoparentale, et seulement 10 % des hommes divorcés vivent seuls avec leurs enfants.

Un homme divorcé sur ....
....

....
....

❻ Regardez ce tableau et répondez.

1. Les trois colonnes donnent des informations sur *Hommes seuls*, ...
   ....

2. À quelles années se rapportent ces chiffres ?
   ....

3. De 1968 à 1990, le nombre de ces trois catégories de personnes reste le même. ☐   augmente. ☐   diminue. ☐

4. Est-ce que ces chiffres correspondent aux informations de l'article « Un mariage ? Non, merci... » ?

5. Est-ce que ces changements dans la vie des familles existent aussi dans votre pays ?

Les ménages en France

Population	Hommes seuls	Femmes seules	Familles monoparentales
En 1968	1 022	2 177	461
En 1975	1 308	2 628	526
En 1982	1 664	3 148	709
En 1990	2 171	3 674	989

en milliers (1 = 1000)

❼ a● Lisez et repérez :
– le sujet de l'article.
– les pays mentionnés et les noms avec une majuscule.

Pollution : on cherche une solution...

Le ministère de l'Environnement pense à la protection du territoire (la mer, les montagnes, les villes) et à limiter la pollution.

En France, le ministère de l'Environnement cherche des solutions pour limiter la pollution. On a d'abord décidé de faire la liste de toutes les zones polluées et des produits polluants. Cette liste va bientôt être prête : pour l'instant, on va nettoyer 700 zones environ avec les techniques les plus modernes, mais avec quel argent ?
L'industrie est l'une des responsables de la pollution, les produits chimiques utilisés en agriculture aussi sont polluants, sans parler des voitures ! Il faut des milliards de francs pour dépolluer ces 700 sites et tous les autres « points noirs », des plus petits aux plus grands.
En Allemagne et aux Pays-Bas, la liste des zones polluées est beaucoup plus importante : elle comprend aussi les entreprises agricoles et les garages, où on utilise des produits chimiques très polluants. En Allemagne, le nombre de ces zones « noires » est de 139 000, aux Pays-Bas de 110 000 !

b● Répondez.

1. Trouvez le nombre des zones polluées en France.

2. Ces zones sont appelées d'une autre manière dans l'article. Cherchez ces mots.

3. Qui sont les responsables de la pollution ?

4. Trouvez le nombre des zone polluées en Allemagne et aux Pays-Bas. Les listes de ces pays sont plus longues ou moins longues ? Pourquoi ?

5. Dépolluer est le contraire de .... Dépollution est le contraire de ....

❽ Quelle est la situation dans votre pays ?

Qu'est-ce que fait le gouvernement (ministres, ministères, etc.) pour limiter la pollution ?
Et vous, qu'est-ce que vous faites ?

SOUVENIRS D'ENFANCE

Vocabulaire et orthographe

**BOÎTE
À
OUTILS**

❶ Trouvez le mot !

1. Le frère de votre mère ou de votre père, c'est votre ☐☐☐L☐.

2. La sœur de votre mère ou de votre père, c'est votre T☐☐☐☐.

3. La personne qui écrit dans un journal est un ☐☐☐R☐☐☐☐☐☐.

4. Quand on offre quelque chose, on fait un ☐☐☐☐☐U☐.

5. Au bord de la mer, il y a la P☐☐☐☐.

6. ☐R☐☐E☐☐D☐ est un des noms de la même famille que promener.

❷ Trouvez un mot (adjectif ou nom) de la même famille que les mots suivants :

connaître, étudier, danser, dépenser, changer, arriver

....

....

....

....

❸ Complétez ces mots avec la lettre b ou la lettre v, selon le cas. Rangez-les sous le son correspondant.

Les signes	Le son [b]	Le son [v]
-ureau → *bureau*	✗	
-oilà	.....	.....
-ien	.....	.....
a-ril	.....	.....
fé-rier	.....	.....
-ouche	.....	.....

 *Grammaire*

4 **Classez ces formes verbales sous la bonne colonne.**

nous voyons – elles prenaient – je finissais – tu finis – vous verrez – elle mangeait – tu auras – vous aviez – ils étaient – je prendrai – vous voyiez – tu vois – tu dînais – nous téléphonions

Présent	Imparfait	Futur
Nous voyons	....	....
....	....	....
....	....	....
....	....	....
....	....	....
....	....	....
....	....	....
....	....	....

5 **a●** **Lisez ce texte et soulignez les verbes à l'imparfait.**

Ma seule amie, à ce cours de danse, était une petite fille. Elle venait chez madame Panov le jeudi, toute seule, sans sa mère. Un soir, après notre cours, elle m'a donné une enveloppe. Cette enveloppe contenait une invitation pour mon père et moi : Céline nous invitait à sa fête d'anniversaire.[...] Nous sommes arrivés chez elle à 5 heures de l'après-midi. Des serveurs en veste blanche passaient dans la salle et offraient aux invités des gâteaux, du champagne, des jus de fruits...

b● **Répondez.**

1. Dans ce texte, on donne des conseils. ☐
on s'excuse. ☐
on raconte un fait. ☐

2. Quel est l'autre temps utilisé avec l'imparfait ? ....

6 Continuez le récit de l'exercice 5.
Conjuguez les verbes aux temps corrects.

Céline nous (conduire) .... dans une autre petite salle.

Des personnes (être) .... debout et (discuter) ....

Elle nous (présenter) .... ses parents.

Sa mère (être) .... une femme blonde et mince, son

père un homme encore jeune, aux cheveux noirs.

Ils (parler) .... à des invités et Céline leur (demander)

.... de venir vers nous.

Ils (être) .... gentils, mais ils (avoir) ....

quelque chose de bizarre...

7 Tranformez les phrases comme dans l'exemple.

J'étais petit. J'appelais toujours ma mère.
→ *Quand j'étais petit, j'appelais toujours ma mère.*

1. Nous allions à l'école. Nous prenions le bus.

....

2. Elle allait dans les grands magasins. Elle achetait beaucoup de vêtements.

....

3. Mes parents étaient à Paris. Ils aimaient aller à l'opéra.

....

4. Les chauffeurs étaient énervés. Il y avait des embouteillages.

....

5. Il discutait toujours avec les voyageurs. Il prenait le train.

....

8 Complétez cette conjugaison du verbe connaître.

J'ai connu Catherine.

Tu la .... ?

Moi, je ne la .... pas, mais Bernard l'a .... il y a un an et il ....

aussi son histoire.

Nous ne .... pas son histoire.

Mais quelle histoire ?

Tous les copains .... son histoire, mais ils ne .... pas Catherine !

❾ Mettez la subordonnée au temps correct.

Karine m'écrira quand elle (être) en Suède.
→ *Karine m'écrira quand elle sera en Suède.*

1. J'ai téléphoné à Odile quand elle (avoir) son bac.

   ....

2. Nous serons contents quand tu nous (présenter) Jules.

   ....

3. Papa fait beaucoup de kilomètres quand il (aller) au travail.

   ....

4. Les ingénieurs trouveront une solution quand ils (étudier) le problème.

   ....

5. L'oncle d'Amérique arrivera quand tu ne le (attendre) pas.

   ....

 Conversations

❿ Mettez ces répliques dans l'ordre.

– Ça va merci et toi, qu'est-ce que tu as fait hier soir ?
– Tu vas bien ?
– Hier soir ? J'ai regardé un film à la télévision. Il était amusant !
– Moi, j'ai fait le ménage jusqu'à onze heures du soir. Ce matin, j'étais fatiguée !

⓫ Complétez avec les questions.

– ....

– Quand on a rencontré les enfants, il était huit heures.

– ....

– Ils allaient acheter du pain pour leur grand-mère.

– ....

– Non, elle n'était pas malade. Mais elle habite dans une maison sans ascenseur.

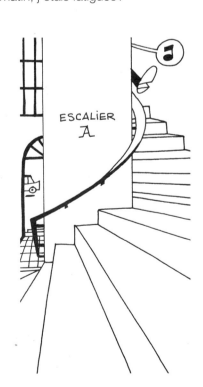

ESCALIER A

⑫ À partir des suggestions suivantes, imaginez le récit d'un fait.

Qui raconte ?	À qui ?	Où ils habitent ?	De quoi ils parlent ?
Damien, 15 ans, lycéen	à son copain Olivier	ville touristique au bord de la Manche (Honfleur, Deauville...)	événement sur la plage (Damien invité sur un bateau, il y avait une fête...)
Charlotte, 5 ans	à sa mère	à la campagne, dans une maison avec un grand jardin	un animal bizarre dans le jardin (3 oreilles, 2 nez...)

DAMIEN : *Quand je suis arrivé sur la plage, une jeune fille m'a invité à* ....

OLIVIER : *Oh ! c'est vrai ?*

....

....

....

....

....

 *Textes*

POUR
ALLER
PLUS
LOIN

⑬ Lisez cet article. C'est une brève (texte très court) : on en trouve dans les journaux, surtout dans les quotidiens.

a● Repérez les informations les plus importantes :

– événement / fait raconté
– personnes impliquées
– lieu
– temps
– autres détails

Côte d'Azur : ménage sur les plages

Les pompiers de la Côte d'Azur ont commencé à nettoyer les plages de la région, ce dimanche 26 avril. Les habitants des villes intéressées, des jeunes surtout, ont participé à cette opération de dépollution. Les plages mais aussi les montagnes (le massif de l'Estérel et les Alpes maritimes) sont une des plus grandes richesses du Var. Les habitants ont bien compris le message :

il faut limiter la pollution.

b● **Trouvez dans l'article la phrase équivalant à :** ménage sur les plages.

....

c● **Cherchez sur une carte les noms géographiques mentionnés.**

⓮ **a●** **Lisez et mettez les parties de ce texte dans le bon ordre.**

..... Voile : deuxième victoire pour le bateau français *Goéland*.

..... Le bateau français a reçu un message du président de la République.

..... C'était la deuxième victoire de Marc Nédélec, après les trois courses de la Coupe du Finistère.

..... Le bateau français *Goéland* de Marc Nédélec a gagné, mardi 26 février, à Brest, en Bretagne, la troisième régate contre le bateau belge *Anvers*.

b● **Répondez.**

1. Une course avec des bateaux à voile est une ....

2. ... *a gagné* correspond dans le titre à
voile ☐
victoire ☐
Goéland ☐

⓯ **a●** **Complétez avec les mots suivants :**

1995 – a gagné – avait 3 secondes – prendre la tête.

**Le pilote français de Toyota :
une belle victoire.**

Comme en ...., Julien Poquet,

sur Toyota ...., le mercredi

27 janvier, le Rallye des Alpes-Maritimes.

Au départ, le pilote français ....

de retard sur John Neumann. Pendant la nuit, il

a pu .... de la course et, à l'arrivée,

il avait un avantage de 2 minutes 3 secondes

sur Neumann.

b● Répondez.

1. Dans une course, quand on part, c'est le départ et quand on arrive, c'est ....

2. Prendre la tête signifie :   mettre les mains dans les cheveux. ☐
être le premier de la course à un moment déterminé. ☐

⓰ Écrivez une brève à partir de ces suggestions. N'oubliez pas de donner un titre !

Perpignan – nuit du 16 au 17 janvier – pompiers transporter 200 personnes écoles et hôtels région – cause : mauvais temps / pleuvoir beaucoup surtout campagnes – situation rester grave – président de la République envoyer message population.

À Perpignan, pendant la nuit ....

Il raconte une histoire à dormir debout.

HISTOIRES VRAIES

 Vocabulaire et orthographe

❶ Chassez l'intrus !

1. salle de bains, chambre, salon, étage, cuisine
2. mer, montagne, campagne, arbre, ville
3. vallée, forêt, lac, produit, rivière
4. vélo, voiture, bus, train, opéra
5. appartement, studio, parfum, maison, hôtel
6. soleil, rue, chemin, place, boulevard

❷ Décrivez cet appartement.

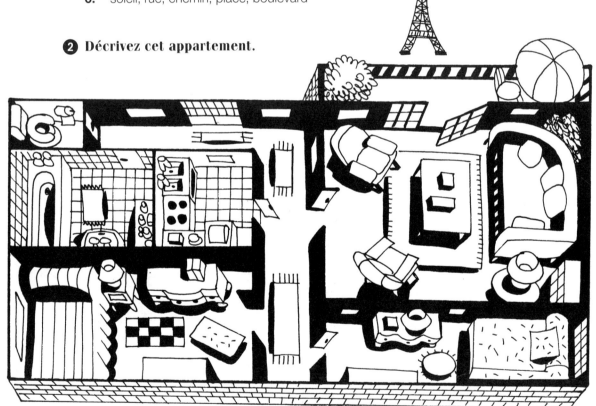

L'appartement est au 8ᵉ étage. On a une vue magnifique ....

....

....

....

....

❸ Trouvez un nom qui commence par la même consonne.

Parfum, peinture .... → *prénom*   Cinéma, centre ....

Salle, semaine ....   Musique, marche ....

Télévision, terrasse ....   Recherche, réservation ....

Baignoire, bus ....   Nuit, nappe ....

❹ Lisez ces mots à haute voix et classez-les sous le son correspondant, [s] comme citron, et [z] comme fraise.

Les signes	Le son [s]	Le son [z]
bisou	.....	.....
assiette	.....	.....
tasse	.....	.....
maison	.....	.....
centre	.....	.....
pause	.....	.....
vacances	.....	.....
sonnerie	.....	.....

❺ Choisissez les mots avec le son [g] comme goût et les mots avec le son [k] comme côte. Écrivez et classez ces mots sous le son correspondant.

goût   séjour   côte   baguette   secouriste   message

toujours   quatre   champ   contact   regarder   gare

Le son [g]	Le son [k]
goût	*côte*
....	....
....	....
....	....
....	....
....	....
....	....
....	....

Grammaire

6 **Transformez les phrases comme dans l'exemple.**

Les touristes sont revenus. Ils se sont perdus en montagne.
→ Les touristes qui se sont perdus en montagne sont revenus.

1. Les concurrents sont quinze. Ils ont répondu à la question.

   ....

2. Les amis de Pascal sont russes. Ils viennent demain à la maison.

   ....

3. Le secouriste est suisse. Il a retrouvé les randonneurs.

   ....

4. Le frère de Régis va avoir 25 ans. Il travaille chez Renault.

   ....

7 **Décrivez la journée d'Anne à l'aide de verbes pronominaux.**

À 7 heures, Anne se lève ....

8 **Donnez des ordres : utilisez l'impératif.**

(vous) se réveiller / il est tard → *Réveillez-vous, il est tard !*

1. (tu) s'approcher / nous n'entendons rien ....

2. (vous) ne pas s'installer à la campagne ....

3. (nous) ne pas se précipiter / nous avons le temps

....

4. (tu) s'amuser bien ....

5. (vous) se regarder / vous êtes tout sales ....

9 **Lisez cette information écrite le 11 septembre. Nous sommes maintenant le 13 septembre. Réécrivez le texte et utilisez la forme venir de + infinitif.**

Demain, 12 septembre, la réunion des ministres de l'Environnement des pays européens va avoir lieu à Bruxelles. Le ministre allemand va proposer un plan pour augmenter le nombre de parcs nationaux. Le ministre grec va aussi demander la création de parcs « internationaux », des zones protégées entre un pays et un autre de l'Union européenne.

....

....

....

....

10 **Répondez aux questions. Utilisez être en train de + infinitif.**

– *Où est maman ?*
– *Dans la cuisine. Elle (préparer un gâteau).* → *Elle est en train de préparer un gâteau.*

1. – Qu'est-ce que tu fais ?
– Je (faire ton lit). Tu ne le vois pas ? ....

2. – Mais Claire et Isabelle ne sont pas là ?
– Elles (planter des fleurs) dans le jardin. ....

3. – Et Roland, il est au bureau ?
– Non, il (lire son journal) dans le salon. ....

4. – Vous avez fini de déjeuner ?
– Oui, nous (faire la vaisselle). ....

5. – Pourquoi tu ne viens pas avec nous ?
– Je (organiser mes vacances). ....

11 **Trouvez les trois mots qui font leur pluriel en -aux.**

Chemin, journal, terrasse, animal, parfum, enfant, hôpital, hôtel, bœuf, épaule.

....

⑫ Monsieur Prouvost vient d'arriver à la montagne. Il a loué un appartement avec deux chambres, mais cet appartement en a une seule. Il téléphone à l'agence qui lui propose de changer d'appartement, mais seulement le lendemain. Complétez la conversation.

– Bonjour, monsieur Prouvost à l'appareil.

– Bonjour, monsieur Prouvost, vous êtes bien arrivé ?

– Écoutez, il y a un problème ....

– Ah, je ne comprends pas. Vous avez loué l'appartement 756 qui a deux chambres.

– Non, non, cet appartement est le 765, il y a quelque chose qui ne va pas.

– Monsieur Prouvost, je suis désolé. Vous avez les clés d'un autre appartement. Je vous

propose ....

⑬ Monsieur et madame Leroux sont à Nice pour une journée. Dans un hôtel, ils demandent une chambre qui donne sur la mer. Imaginez la conversation.

L'EMPLOYÉE DE L'HÔTEL : (préférer chambre / salle de bains) ....

....

M. LEROUX : Oui, et (grand lit) ....

L'EMPLOYÉE DE L'HÔTEL : Nous (avoir chambre avec terrasse, sur la rue / chambre avec fenêtre,

sur la mer) ....

M. LEROUX : ....

L'EMPLOYÉE DE L'HÔTEL : D'accord. La chambre est au cinquième étage.

M. LEROUX : (prix de la chambre par nuit) ....

⑭ Vous allez passer la semaine du 1er au 6 juillet à Paris avec un(e) ami(e). Vous voulez louer un studio avec deux lits, dans le Quartier latin. Téléphonez à l'agence « Paname » pour la réservation. Imaginez la conversation.

....

....

....

....

....

....

....

*Textes*

⓯ Lisez les deux annonces.

1

Île de Ré (Charente-Maritime)
1 km plage, 3 p., 78 m^2,
2 ch., cuis., s.d.b., W.C., pt jardin,
7 000 F / mois, juillet-août.
Tél. 05 45 78 13 11

2 min Deauville (Normandie)
Maison 120 m^2, dev. mer,
gde cuis., balcon, jardin 300 m^2,
Libre juin à août, 13 000 F / mois.
Tél. 20h-22h, 01 40 18 55 44

2

a● Faites la liste des abréviations de l'annonce 1 et trouvez les mots correspondants.

km	mètres carrés
p.	chambre
....	petit
....	salle de bains
....	pièces
....	téléphone
....	francs
....	cuisine
....	kilomètre

b● Écrivez en toutes lettres la première annonce. N'oubliez pas les articles et les prépositions.

À un kilomètre de la plage, 3 pièces de 78 mètres carrés, ...
....
....

c● Lisez la deuxième annonce.
Quelles abréviations est-ce que vous ne connaissez pas ? Voici les mots entiers :

minutes ....   devant ....   heures ....   grande ....

d• Faites le même exercice que 15 b avec la deuxième annonce.

À deux minutes de Deauville ....

....

....

16 **Lisez et préparez une annonce comme dans l'exercice 15 (avec les abréviations, etc.).**

À dix minutes du centre d'Aix-en Provence, à quinze minutes de l'aéroport de Marseille, grande villa du dix-septième siècle : six chambres, deux salles de bains, trois W.C., cuisine de 30 mètres carrés, deux étages, parc de 2 000 mètres carrés.
Libre de juin à octobre. 20 000 francs par mois. Téléphone : 04 31 03 24 45.

....

....

....

....

17 **Vous voulez louer votre appartement pendant les vacances. Préparez une annonce pour un journal français.**

Elle l'a crié sur tous les toits.

UNE JOURNÉE À PARIS

 Vocabulaire et orthographe

① Reliez les phrases au bon dessin.

Il s'énerve.
Il s'arrête.
Il se promène.
Il se repose.
Il se baigne.

1

2

3

4

5

② Trouvez les mots !

Horizontalement

1. Se forme sur la tour Eiffel.
2. Un appartement en a plus d'une.
3. Verbe auxiliaire.
4. Fait partie de l'adresse.
5. Préposition + article.

Verticalement

On ne peut lire que deux mots : quels sont ces mots ? ....

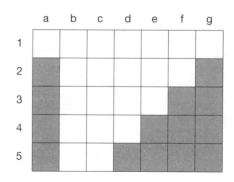

③ Chassez l'intrus !

1. long, large, froid, haut

2. quartier, ville, banlieue, salle

3. mètre, kilogramme, train, kilomètre

4. cher, loin, près, à côté

5. journal, lettre, partie, roman

6. spectacle, terrasse, film, pièce

4 Lisez ces mots et rangez-les sous le son [ʃ] comme **marche** ou sous le son [ʒ] **comme** jour **et** fromage.

Les signes	Le son [ʃ]	Le son [ʒ]
jour	.....	✗
fromage	.....	✗
janvier	.....	.....
marche	✗	.....
architecture	.....	.....
projet	.....	.....
chocolat	.....	.....
neige	.....	.....
chat	.....	.....
jeu	.....	.....

 *Grammaire*

5 **Remplacez** seulement **par** ne... que **et** ne... que **par** seulement.

Au frigo, il y a seulement de l'eau. → *Au frigo, il n'y a que de l'eau.*

1. Xavier ne parle que de motos.

....

2. Ils aiment seulement les monuments anciens.

....

3. Elle ne mangera que des légumes, j'en suis sûr.

....

4. Nous parlons seulement français, et vous ?

....

5. Vous connaissez seulement deux personnes dans le quartier ?

....

6 **Remplacez les mots soulignés par** en **et** y **selon le cas.**

Ils pensent <u>à leurs vacances</u>. → *Ils y pensent.*

1. Nous resterons <u>en Grèce</u> tout le mois.

....

2. Vous prenez <u>du thé</u>, madame ?

....

3. Mes parents habitent <u>en banlieue</u> depuis dix ans.

....

4. Tu achètes <u>du pain</u>, s'il te plaît ?

....

5. Elles reviennent <u>de Strasbourg</u>.

....

6. J'allais <u>au cinéma</u> toutes les semaines.

....

7. Est-ce que tu lis <u>des romans</u>, toi ?

....

❼ Complétez par y / en / le / la / les **selon le cas.**

Françoise fait des crêpes. Elle... fait pour nous. → *Elle en fait pour nous.*

1. Nous connaissons les voisins. Nous .... avons invités à la maison.

2. J'ai acheté des fraises. J'.......... mange souvent.

3. Elles vont au Japon. Elles .... restent tout l'été.

4. Tu vois cet homme ? Tu .... connais ?

5. Ils pensent à leurs problèmes. Ils .... pensent toujours.

❽ Répondez négativement à ces questions comme dans l'exemple.

Vous offrez des cadeaux à Noël ? → *Non, nous n'en offrons jamais (pas).*

1. Est-ce qu'il pense à ses études ?

....

2. Est-ce que Michel gagne de l'argent en ce moment ?

....

3. Vous allez au lycée le samedi ?

....

4. Le journal est dans le salon ?

....

5. Elles iront au théâtre demain soir ?

....

9 **Complétez avec** bien / mieux (que) / bon / meilleur (que), **selon le cas.**

Alexis travaille... / l'année dernière. → *Alexis travaille mieux que l'année dernière.*

1. À la campagne, nous vivons .... en ville.

2. Tu chantes .... , mais Hélène chante ....

3. Les moteurs Renault sont ...., mais les moteurs Ferrari sont peut-être ....

4. Les gâteaux de grand-mère sont .... tes tartes aux pommes !

5. Christophe joue au tennis .... son grand frère.

6. Je vais ...., mais hier j'allais ....

7. Ce fromage est .... , mais le camembert est ....

10 **Répondez aux questions. Utilisez** oui **ou** si.

– Vous ne rentrez pas avec nous ? → *– (arriver) Si, nous arrivons.*

1. – Tu as fini tes devoirs ?

   – (venir de finir) ....

2. Vous n'êtes pas d'accord avec moi ?

   – (vous / avoir raison) ....

3. – Jean-Philippe est là ?

   – (être / dans sa chambre) ....

4. – Vous avez appelé Claire ?

   – (venir d'appeler) ....

5. – Tu n'aimes pas les glaces ?

   – (bien sûr / aimer beaucoup) ....

Conversations

11 **À Paris, des lycéens font un sondage dans la rue. Lisez les questions et imaginez les réponses des personnes indiquées :**

1er interviewé : banlieue Nord (Saint-Denis), petit appartement avec ses parents, deux, voiture, oui / campagne.

2e interviewée : Paris, dix-huitième (Montmartre), maison avec petit jardin, cinq, bus, non / être bien à...

Questions	1er interviewé	2e interviewée
Vous habitez à Paris ?	*Non, je n'habite pas à Paris.*	....
Dans quel arrondissement ? En banlieue ?	*Oui, dans la banlieue Nord, à Saint-Denis.*	....
Vous habitez dans une maison, dans un appartement ?	....	....
Vous avez combien de pièces ?	....	....
Comment est-ce que vous allez au travail : en métro, en bus, en voiture ou à pied ?	....	....
Est-ce que vous désirez aller vivre dans une autre ville / à la campagne / en banlieue ?	....	....

⓬ Geoffroy, un enfant de huit ans, visite Paris avec son père. Imaginez ses questions.

– Papa, papa .... ?

– La tour Eiffel ? Elle est très haute, regarde-la. Elle fait exactement trois cent vingt mètres de haut.

– .... ?

– Elle a plus de cent ans.

– .... ?

– Non, la tour Montparnasse ne mesure que deux cent dix mètres de haut, mais elle a cinquante-huit étages !

⓭ Geoffroy parle à son copain Nicolas de sa visite à Paris. Imaginez la conversation à partir de l'exercice 12.

GEOFFROY : Tu sais combien mesure la tour Eiffel ?

NICOLAS : Non...

....

 *Textes*

⑭ Les professeurs de français proposent souvent à leurs élèves de correspondre avec de jeunes Français.
La première lettre est peut-être la plus difficile. Voici quelques exemples.

(ville)..., (date)...

Cher / Chère...,

Je m'appelle Sylvain et j'ai quinze ans. Mon professeur de français m'a donné ton adresse. J'habite à la campagne, près de Moissac, dans le Sud-Ouest de la France. Nous vivons, mes parents, ma sœur et moi dans une grande maison. Je vais au lycée à vélo : je fais tous les jours dix kilomètres, cinq à l'aller et cinq au retour. J'aime la photographie. Alors, quand j'ai le temps, je prends des photos d'animaux, de vieilles fermes. Je vis bien ici !...

(ville)..., (date)...

Cher / Chère...

Je suis au lycée « Jean Jaurès » de Montpellier qui est jumelé avec ton lycée. Mon prénom est Lucie et je vais avoir seize ans le mois prochain. J'habite dans le centre-ville. Nous avons un appartement au septième étage et je vois presque toute la ville de ma chambre. L'hiver, je vais au lycée en bus, mais quand le printemps arrive, j'y vais en mobylette. Quand j'étais petite, nous habitions dans la banlieue parisienne. Depuis cinq ans, on est à Montpellier : on y vit mieux !

Dans ces lettres, repérez :
– où on se présente
– la raison de la lettre (Mon professeur...)
– où on décrit sa maison / son appartement
– comment on va à l'école
– comment on vit dans sa ville / à la campagne, etc.

⑮ Écrivez la lettre de Christelle à partir des suggestions suivantes :

17 ans – vit en banlieue – cité au nord de Paris – sept à la maison : parents, trois filles et deux garçons – appartement de quatre pièces – va au lycée d'Enghien – son père accompagne Christelle tous les matins en voiture – elle ne vit pas mal en banlieue – préfère grande ville

....

....

....

....

....

⑯ Vous avez un(e) correspondant(e) français(e). Écrivez-lui votre première lettre.

....

....

....

....

....

C'est long comme un jour sans pain.

DÉNOUEMENT

Vocabulaire et orthographe

BOÎTE
À
OUTILS

❶ Voici des mots qui reviennent souvent dans les romans policiers : complétez-les.

A			A	S	N		P					H	O					R

		L	C	E		S					E	T	E			I			M	E

❷ Voici des groupes de mots qui ont quelque chose en commun : trouvez-en un troisième dans les parenthèses.

fait, événement, (dame, fenêtre, histoire)   *histoire*

lune, soleil, (poubelle, train, lumière)   ....

fantôme, sorcière, (tableau, squelette, jus)   ....

aujourd'hui, ce matin, (le lendemain, monument, pays)   ....

costume, chapeau, (pomme, imperméable, cuisine)   ....

❸ Complétez ces phrases avec les « troisièmes » mots de l'exercice 2. Choisissez le bon mot !

C'est .... de fous ! Elle avait peur. Elle venait

de découvrir dans l'armoire un ....

Ce type portait un .... , des lunettes de soleil

et de grosses chaussures noires.

.... il a aperçu par la fenêtre une dame qui

ressemblait à Justine.

Dans la cave il n'y avait pas de ....

❹ **Lisez ces mots à haute voix et classez-les sous le son correspondant : [g] comme baguette, et [ʀ] comme route. Attention : il y a des intrus !**

Les signes	Le son [g]	Le son [ʀ]
baguette	.....	.....
route	.....	.....
magasin	.....	.....
rue	.....	.....
mariage	.....	.....
collègue	.....	.....
père	.....	.....
gare	.....	.....
message	.....	.....
mer	.....	.....
tarte	.....	.....
orange	.....	.....
gilet	.....	.....

Grammaire

❺ **Classez ces formes verbales et complétez-en la conjugaison.**

nous croyions

j'aperçois

elle croyait

ils croient

nous apercevions

elles apercevaient

tu crois

ils croiront

je croirai

tu apercevras

ils aperçoivent

Croire		
Présent	**Imparfait**	**Futur**
....	....	*je croirai*
tu crois	....	....
....	*elle croyait*	....
....	....	....
....	....	....
....	....	....

Apercevoir		
Présent	**Imparfait**	**Futur**
....	....	....
....	....	....
....	....	....
....	....	....
....	....	....
....	....	....

6 **a•** **Complétez ce texte avec les formes des verbes** croire **et** apercevoir, **selon le cas.**

Quand je rentrais tard, ... toujours une forme bizarre derrière l'escalier. Je .... que c'était mon imagination. Mais un jour, ... voir un homme avec un long manteau noir et un chapeau, noir aussi. J'ai pu l'............................ un instant seulement, parce qu'une voiture venait d'illuminer l'intérieur de l'escalier : il ne m'avait pas vu entrer et il .... être seul.

b• **Répondez :**

Quelles sont les mots qui situent cette histoire dans le temps ? Soulignez-les.

Quels sont les temps utilisés pour raconter ce début d'histoire ? ....

c• **Complétez la suite de l'histoire par les indications de temps :**

Tout de suite après, à un certain moment, quand.

.... je l'ai vu venir vers moi, j'ai cru que c'était la fin. Les secondes passaient. .... j'ai poussé un cri et j'ai mis mes mains devant les yeux. .... j'ai vu l'ascenseur monter sans faire de bruit et sans lumière.

7 **a•** **Dites le contraire !**

Il y va. → *Il n'y va pas.*

1. Elles y pensent souvent. ....

2. Ils y vont avec nous. ....

3. Tu en parlais au bureau. ....

4. Il en avait beaucoup mangé. ....

5. Il a aperçu quelque chose. ....

b• Remplacez les pronoms y et en par le mot correct et réécrivez les phrases.

à la piscine, à leur projet, de glace, dans la cave, de sa nouvelle maison

1. *Elles pensent souvent à leur projet.*

2. ....

3. ....

4. ....

5. ....

8 **a• Remplacez les expressions soulignées par les pronoms.**

J'ai reconnu <u>ton vélo</u>. → Je <u>l'</u> ai reconnu.

1. Tu es resté longtemps <u>chez Bernard</u> ? ....

2. Vous voyez <u>ces fenêtres</u> ? ....

3. Elle sortait <u>du bureau</u>. ....

4. Il a parlé <u>à son père</u>. ....

5. Ils disent toujours la vérité <u>à leur mère</u>. ....

6. Nous revenons <u>d'Allemagne</u>. ....

7. Qui connaît <u>cet homme</u> ? ....

8. Elles vont <u>au cinéma</u>. ....

b• Mettez les phrases de l'exercice 8 a à la forme négative.

Je n'ai pas reconnu ton vélo. → Je ne l'ai pas reconnu.

1. ....

2. ....

3. ....

4. ....

5. ....

6. ....

7. ....

8. ....

9 **Alice Duverger a perdu son sac. Elle rentre à la maison et en parle à son mari qui lui pose des questions. Complétez.**

Mᴍᴇ Dᴜᴠᴇʀɢᴇʀ : Je n'ai plus rien, tout mon argent ! J'ai tout perdu !

M. Dᴜᴠᴇʀɢᴇʀ : ....

Mᴍᴇ Dᴜᴠᴇʀɢᴇʀ : J'étais chez le pharmacien.

M. Dᴜᴠᴇʀɢᴇʀ : ....

Mᴍᴇ Dᴜᴠᴇʀɢᴇʀ : Je ne sais pas, quatre heures peut-être.

M. Dᴜᴠᴇʀɢᴇʀ : ....

Mᴍᴇ Dᴜᴠᴇʀɢᴇʀ : Je n'ai rien aperçu.

M. Dᴜᴠᴇʀɢᴇʀ : ....

Mᴍᴇ Dᴜᴠᴇʀɢᴇʀ : Il n'y avait personne, je te dis.

M. Dᴜᴠᴇʀɢᴇʀ : Et le pharmacien ?

Mᴍᴇ Dᴜᴠᴇʀɢᴇʀ : Le pharmacien était là, bien sûr.

10 **a•** **Lisez cette histoire et repérez :**

– les personnages (Qui ?)
– les indications de temps qui situent l'histoire (Quand ?)
– les indications de lieu (Où ?)
– les raisons de l'histoire (Quoi ? Pourquoi ?)

Caroline vient de rencontrer « l'homme de sa vie » : c'était un soir du mois dernier, chez des amis. Il était gentil, sympathique et élégant. Il s'appelait Denis et l'a invitée à danser.
Pendant la soirée, ils ont parlé de tout et de rien. Il plaisait à Caroline et elle était heureuse. Mais le temps passait trop vite. Avant de partir, Denis lui a donné son numéro de téléphone. Elle n'a pas eu le temps de lui donner son adresse parce que Denis était pressé. Les jours suivants, Caroline l'a appelé, mais il n'a jamais répondu : ce numéro de téléphone n'existe pas.

b• **Caroline raconte «son histoire» à Lydie, une amie. Imaginez la conversation.**

Cᴀʀᴏʟɪɴᴇ : *Le mois dernier, des amis ont organisé une soirée et j'y suis allée.*

Lʏᴅɪᴇ : *Et alors ?*

....

....

....

....

....

⓫ Vous téléphonez à un(e) ami(e) française. Vous lui racontez un événement, un fait. Par exemple, vous avez rencontré un acteur très connu dans la rue et il vous a invité au restaurant. Ou vos parents vous ont fait une surprise : une voiture en cadeau pour votre anniversaire, etc.

– *Je dois te raconter quelque chose d'incroyable* ....

....

....

....

– *Et alors ?*

– ....

....

– *Continue.*

– ....

....

....

....

....

....

....

....

....

Textes

POUR
ALLER
PLUS
LOIN

⓬ a● Lisez cet extrait et mettez les phrases suivantes au bon endroit :

– Qui pouvait l'appeler à cette heure du matin ?
– et à un certain moment il a cru apercevoir l'appareil bouger tout seul...

Hubert était un homme tranquille qui détestait le bruit et les surprises. Mardi dernier, vers huit heures, son téléphone a sonné. Sa vieille mère ? son ancienne fiancée ? Il a attendu deux ou trois secondes devant le téléphone...

b● Faites la même chose avec cet autre extrait :

– Clara aimait les fêtes, les croisières et les parfums.
– La dernière fois, je l'ai rencontrée à une exposition.

Je dis « aimait » parce que depuis un an on ne sait pas où elle est. Il y avait des peintres, des hommes importants et des femmes élégantes, comme Clara. Ce jour-là, j'ai trouvé mon amie un peu bizarre, elle parlait d'un voyage en Suisse et de tableaux...

⑬ Lisez cette fiche et écrivez le début d'une histoire.

Qui ? :   Mlle Feuillet, 70 ans, habite petit appartement, Lyon
Quand ? :   vendredi dernier, vers 10 h
Où ? :   dans la rue, près de sa banque
Quoi ? Pourquoi ? Elle doit aller à la poste / jeune femme lui demande l'heure

Mme Feuillet est une vieille femme de ...
Vendredi dernier ... elle est sortie ...

ou bien :

Ma tante est une vieille femme ... Je vais la voir une fois par semaine. Vendredi dernier...

ou encore :

L'autre jour, exactement vendredi dernier, j'ai eu une aventure bizarre. À mon âge – j'ai soixante-dix ans – je ne sors pas souvent, mais je devais...

....

....

....

⑭ Inventez une histoire à partir de ces suggestions :

pendant la nuit – Anne, 18 ans – seule – appartement du dernier étage – homme marcher sur le toit

a● C'est Anne qui raconte.

J'étais seule ....

b● On raconte à la 3ᵉ personne.

Anne était seule ....

Cette histoire me donne la chair de poule.

Alors, raconte...

1 **Ce sont les quotidiens français les plus importants.**

Le Figaro est le plus vieux quotidien français. Il est né au siècle
dernier : son premier numéro porte la date du 16-11-1866.
Le Figaro vend environ 400 000 journaux, par jour.

Le Monde est né pendant la Deuxième Guerre mondiale,
en1944. 250 journalistes travaillent à plein temps. C'est le journal français le plus important et le plus connu à l'étranger.
Il vend un peu plus de 400 000 journaux par jour.

France-Soir est né un mois avant *Le Monde*, en novembre1944,
et vend environ 200 000 journaux par jour.

Dernier né (1973), le quotidien *Libération* a une diffusion
(= journaux vendus) de 170 000 exemplaires.

Repérez les dates de l'article et les autres chiffres, puis complétez ce tableau.

	Le Figaro	Le Monde	France-Soir	Libération
Naissance	....	....	....	....
Diffusion par jour (= journaux vendus)	....	....	....	....

Le temps de lecture des journaux d'un Français est de 37 minutes environ : 14 minutes sont pour les
quotidiens, 23 pour les autres journaux (magazines, revues).

2 **Observez ce tableau et répondez.**

1. Entre 1970 et 1990, le nombre de Français
qui lisent un quotidien tous les jours :
augmente. ☐   diminue. ☐

2. Entre 1970 et 1990, le nombre de Français
qui ne lisent pas de quotidiens :
change beaucoup. ☐   change peu. ☐

Les Français de plus de 15 ans lisent un quotidien

	Années 70	Années 80	Années 90
tous les jours ou presque	55 %	46 %	43 %
jamais ou presque jamais	23 %	29 %	21 %

3. Selon vous, il y a une diminution des lecteurs de journaux, parce que
les Français travaillent plus. ☐
ils regardent la télévision. ☐
ils préfèrent faire du sport. ☐

3 **La presse dans votre pays.**

1. Comment s'appellent les quotidiens les plus importants ?

2. Est-ce que vous lisez un quotidien :
tous les jours. ☐   une ou deux fois par semaine. ☐   jamais. ☐

3. Faites un sondage auprès de vos amis, vos voisins et vos parents et préparez un tableau avec les
résultats.

4 **En Haute-Savoie.**

En France, les régions sont très actives : elles cherchent à faire connaître leur patrimoine naturel, culturel et artistique pour développer le tourisme. Elles publient aussi des brochures et des guides pour informer les futurs visiteurs. Voici une page du guide de la Région Rhône-Alpes.

Historique du téléphérique

En 1905, deux ingénieurs suisses ont l'idée de relier la vallée à l'Aiguille du Midi. Le projet est repris après la Seconde Guerre mondiale. Le premier tronçon est prêt le 25 juillet 1954 et le second le 24 juin 1955.

Premier tronçon

En 8 minutes, vous allez passer de 1 030 m à 2 317 m : sous vos pieds, la forêt ! À droite, vous admirerez le Mont-Blanc ; à gauche, l'Aiguille Verte, les Drus, les Aiguilles de Chamonix.

Deuxième tronçon

En 8 minutes, vous allez arriver à 3 842 mètres d'altitude. Devant vous, le glacier des Pèlerins et le côté nord de L'Aiguille du Midi.

a● **Observez la grande photo et répondez.**

1. La montagne qui est sur la photo s'appelle ....

2. Sa hauteur est de .... mètres.

3. Elle se trouve près de la ville de ....

4. Cherchez ces lieux sur une carte de France (Est / Sud-Est du pays, entre la France et l'Italie).

b● **Lisez le texte et répondez.**

1. Combien de paragraphes est-ce qu'il y a ? deux ☐ trois ☐ quatre ☐

2. Quels sont les titres de ces paragraphes ?

3. Tronçon signifie : partie ☐ montagne ☐ vallée ☐

c● **Lisez de nouveau et répondez.**

1. La première date est la date du début du téléphérique :

2. On finira la première partie (= tronçon) le .... juillet ....

3. On finira le deuxième tronçon le ....

4. Repérez les noms avec une majuscule et notez-les. Ce sont les noms de sommets (= les parties les plus hautes) de ces montagnes, dans les Alpes de Haute-Savoie.

   Le Mont-Blanc ....

5. Combien de temps met le téléphérique pour passer de .... mètres à .... mètres ?

6. Le téléphérique arrive à .... mètres.

7. En combien de temps ? ....

5 **Est-ce que ce document vous donne envie de connaître la Haute-Savoie et de voir l'Aiguille du Midi ? Pourquoi ?**

6 **Observez ce document et répondez.**

Les Français tiennent beaucoup à leur patrimoine : les monuments, les œuvres d'art, les lieux caractéristiques. Vous connaissez déjà les « Journées du patrimoine », nées en 1984. Elles ont lieu au mois de septembre et durent un week-end. Pour beaucoup de Français, c'est l'occasion de mieux connaître, gratuitement, leur pays et son histoire. Mais pendant toute l'année, à Paris par exemple, on propose des visites guidées, même dans les journaux.

PARIS EN VISITE

Dimanche 15 septembre

■ L'ÎLE DE LA CITÉ (50 F), 10 h 30, 2, rue d'Arcole (Paris autrefois).

■ LE MARAIS à l'occasion de la journée du patrimoine (55 F), 10 h 30, sortie métro Saint-Paul (Pierre-Yves Jaslet).

■ LE CIMETIÈRE DU PÈRE LACHAISE (60 F + 10 F), 11 h, sortie métro Père-Lachaise côté escalier roulant (Vincent de Langlade).

■ L'ÎLE SAINT-LOUIS (50 F), 11 h, sortie du métro Sully-Morland côté bd Henri-IV (Elisabeth Romann).

■ MONTMARTRE (50 F), 11 h et 15 h, en haut du funiculaire sortie côté gauche (Claude Marti).

■ L'ÎLE DE LA CITÉ et l'île Saint-Louis (50 F), 14 h 30, Pont-Neuf, devant la statue d'Henri IV (Connaissance de Paris).

■ DU JARDIN DU LUXEMBOURG À MONTPARNASSE (50 F), 15 h, sortie métro Luxembourg (La Parisienne).

■ LE PARC DE BERCY (35 F), 15 h, sur les pelouses face au Centre américain (Ville de Paris).

Lundi 16 septembre

■ LE QUARTIER CHINOIS et ses lieux de culte (55 F), 10 h 30, sortie du métro Porte-de-Choisy (Pierre-Yves Jaslet).

■ LE QUARTIER MOUFFETARD (50 F), 10 h 30 et 15 h, sortie du métro Monge côté place Monge (Paris passé, présent).

■ DES TUILERIES À LA PLACE VENDÔME (60 F), 11 h sortie du métro Tuileries (Vincent de Langlade).

■ MUSÉE DU LOUVRE (33 F + prix d'entrée) : la peinture florentine, 11 h 30 ; l'ameublement de Madame Récamier, 12 h 30 ; iconographie de la Vierge, 14 h 30 ; le Louvre médiéval, 19 h 30 ; les tapisseries médiévales, 19 h 30 (Musées nationaux).

■ LE CHÂTEAU DE VINCENNES (50 F + prix d'entrée), 14 h, devant l'entrée côté avenue de Paris (Institut culturel de Paris).

■ L'ÉCOLE NATIONALE DES BEAUX ARTS (45 F + prix d'entrée), 14 h, 14, rue Bonaparte devant les grilles (Monuments historiques).

■ L'ÉGLISE SAINT-FRANÇOIS-XAVIER (55 F), 15 h, 12, place du Président-Mithouard (Paris et son histoire).

■ MARAIS : hôtels, jardins et place des Vosges (50 F), 15 h, sortie du métro Saint-Paul (Résurrection du passé).

■ PASSAGES ET GALERIES MARCHANDES : premier parcours (50 F), 14 h 30, angle de la rue de Rivoli et de la rue Marengo (Paris autrefois).

■ SALONS DE L'HÔTEL DE VILLE (carte d'identité, 50 F), 14 h 30 sortie du métro Hôtel-de-Ville côté rue Lobau (Découvrir Paris).

■ MARAIS : le quartier de la place des Vosges (50 F), 15 h 30, sortie du métro Saint-Paul (Claude Marti).

1. Pour quels jours est-ce qu'on propose ces visites ? ....

2. Quelle est la visite la plus chère et quelle est la moins chère ? ....

3. Quelle visite a lieu à 15 h 30 ? ....

4. Où est-ce que le plus souvent les visiteurs se retrouvent ?
dans un café ☐   à la sortie du métro ☐   à l'arrêt du bus ☐

5. Le Marais, Montmartre, l'Île-de-la-Cité sont :
des rues. ☐   des arrondissements. ☐   des quartiers de Paris. ☐

6. On propose deux fois la visite d'un quartier. Quel est ce quartier ? ....

7. Repérez les noms entre parenthèses. Ce sont les noms des associations et des organismes qui proposent les visites. Les Musées nationaux et l'Institut culturel de Paris organisent quelles visites ?

7 **Vous êtes à Paris le dimanche 15 septembre. Quelle visite est-ce que vous choisissez ?**

Expliquez à un ami qui veut venir lui-aussi :
– la visite choisie (monument, quartier, ...)
– son prix
– les heures de la visite
– le lieu du rendez-vous
– l'organisme ou l'association qui organise cette visite

Alors, moi, j'ai choisi ....

Table des matières

Achevé d'imprimer en Italie par G. Canale & C. S.p.A. - Borgaro T.se (Turin)
Dépôt légal 3954-08/97 - Collection 44 - Édition 02
15/5017/7